아홉 살에 처음 만나는
오펜하이머

52p 아돌프 히틀러 사진 출처 : Wikimedia Commons

아홉 살에 처음 만나는
오펜하이머

초판 1쇄 인쇄일 | 2023년 7월 18일   초판 1쇄 발행일 | 2023년 8월 9일

지은이 | 이미영
일러스트 | 김민정
펴낸이 | 강창용
기획 | 강동균
편집 | 신선숙
디 자 인 | 가혜순

펴낸곳 | 하늘을 나는 코끼리
출판등록 | 1998년 5월 16일 제10-1588
주 소 | 경기도 고양시 일산동구 중앙로 1233(현대타운빌) 302호
전 화 | (代)031-932-7474
팩 스 | 031-932-5962
이메일 | feelbooks@naver.com

ISBN 979-11-6195-217-8   73810

* 책값은 뒤표지에 있습니다.   * 잘못된 책은 구입처에서 교환해 드립니다.

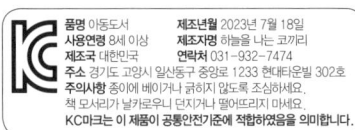

 하늘을 나는 코끼리는 느낌있는책의 어린이책 브랜드입니다.

아홉 살에 처음 만나는
오펜하이머

이미영 지음 | 김민정 그림

들어가는 글

　우리가 잘 알고 있는 물리학자 아인슈타인은 이와 같은 말을 남겼습니다.

　"제3차 세계 대전에서 무슨 무기를 사용할지는 모르겠지만, 제4차 세계 대전에서는 막대기와 돌로 싸우게 될 것이다."

　아인슈타인의 말은 무슨 의미일까요? 만약 인류가 3차 세계 대전을 일으킨다면 사람은 물론이고 우리가 사는 지구가 다 황폐해져 다시 원시시대로 돌아갈 수 있다는 이야기입니다.

　상상만 해도 무서운 이야기입니다. 우리 인간은 이토록 눈부신 발전을 이룩했는데 다시 원시시대로 돌아가다니요! 그것도 숲과 집이 불탄 것도 모자라 살아 있는 생명도 거의 사라져 그야말로 멸망 직전까지 갈 수도 있다는 예언이잖아요.

　원자 폭탄은 전쟁에 대한 사람들의 생각을 완전히 바꿔 놓았습니다. 제2차 세계 대전이 막바지로 치달으면서 일본은 진주만 공습으로 미 함대를 갑자기 공격하였습니다. 이후에 일어난 미국과 일본과의 태평양 전쟁은 미국에게 유리한 상황이었습니다. 그리고 몇 번에 걸친 회담을 통해 연합군은 일본에게 항복하라고 말합니다. 하지만 일본은 쉽게 항복하지 않았지요.

  결국 미국은 1945년 8월 6일에 원자 폭탄 '리틀 보이(Little boy, 작은 소년)'를 히로시마에 떨어트렸습니다. 같은 해, 8월 9일에는 '팻 맨(Fat man, 뚱뚱보)'이라는 원자 폭탄을 나가사키에 떨어트렸고요. 이로 인해 시내에 있는 집과 건물이 모조리 파괴되면서 히로시마에서만 20만여 명, 나가사키에서 10만여 명이 사망하였습니다. 이 중 10%에 해당하는 3만여 명은 우리 조선인이었습니다.

인류 최초로 원자 폭탄을 만든 로스앨러모스 연구소장 오펜하이머는 깜짝 놀랐습니다. 원자 폭탄의 위력을 알고는 있었지만 이렇게 처참한 비극을 낳으리라고는 생각지 못했지요. 우리에게는 해방을 앞당긴 '작은 소년'과 '뚱뚱보'였지만, 그래서 일본은 무조건 항복을 외쳤지만 전 세계 사람들은 외쳤습니다. 다시는 원자 폭탄을 전쟁에 사용해서는 안 된다고 말이지요.

미국의 트루먼 대통령은 "두 발의 원자 폭탄 투하로 전쟁이 끝났고, 결과적으로 수많은 목숨을 구했다"면서 자신의 결정을 후회하지 않는다고 말했습니다. 과연 그의 결정은 옳았을까요? 또 미국의 전폭적인 지원을 받으며 원자 폭탄을 만든 오펜하이머의 마음은 어땠을까요? 그는 핵무기 개발 계획인 '맨해튼 프로젝트'를 주도해 '원자 폭탄의 아버지'로 불리고 있습니다. 하지만 히로시마와 나가사키의 끔찍하면서도 비참한 상황을 알게 되면서 미국의 수소 폭탄 제조를 반대하였습니다.

   제 꿈은 전쟁이 없는 세상, 어린이가 행복한 세상에서 사는 것입니다. 그래서 우리 친구들이 이 책을 읽고 전쟁으로 인해 인류가 어떻게 불행해졌는지를 알았으면 합니다. 전쟁이 없는 세상을 만들기 위해서는 지나간 과거를 반드시 알아야 하니까요. 그래야만 무서운 전쟁을 막을 수도, 전쟁이 없는 평화로운 세상을 만들 수도 있기 때문이지요.

2023년 8월
이미영

차례

4
들어가는 글

11
유대인, 줄리어스 로버트 오펜하이머

24
유럽을 떠나는 과학자들

38
긴박하게 돌아가는 미국과 독일

54
맨해튼 프로젝트* 연구소장이 되다

71
독일 방해 작전 – 중수 공장을 폭파하라!

84
원자 폭탄, 어느 도시에 던져야 하나?

98
원자 폭탄, 드디어 투하하다

109
일본, 전쟁에서 지다

117
원자 폭탄의 아버지, 오펜하이머

유대인, 줄리어스 로버트 오펜하이머

"엄마, 이 돌들은 어디에 쓰는 물건인가요?"

오펜하이머가 가져온 물건은 독일어로 이름이 붙어 있는 작은 나무상자였습니다. 상자 안에는 색과 모양이 다양한 광물 샘플이 들어 있었지요.

"오, 귀한 걸 발견했구나. 이 물건은 돌아가신 할아버지께서 만든 광물 화석 표본이야!"

어머니도 놀랍다는 듯 상자 속 광물과 오펜하이머 얼굴을 번갈아 보며 환히 웃었습니다.

"엄마, 그런데 할아버지는 왜 광물 화석을 가지고 계셨을까요?"

"글쎄……, 어쩌면 이 작은 돌들 속에 무엇인가 특별한 것이 들어있다고 생각하신 게 아닐까?"

"블록 쌓기보다 특별한 것이 있나요? 아니면 시를 쓰고 읽는 것보다 특별할까요?"

"로버트, 고민할 필요 없어. 네가 좋아하는 것을 하면 돼."

"보세요! 돌 모양이 신기해요. 보면 볼수록 이 돌들 속에 비밀이 숨겨져 있는 것 같아요……."

오펜하이머는 한참 동안 나무 상자 속 광물을 보고 또 보았습니다. 얼마나 오랫동안 보았는지 어깨가 저려올 정도였지요.

오펜하이머는 궁금했습니다.

'바위와 광물은 어떻게 만들어질까? 그리고 광물 속 수정과 수정의 구조는 어떤 모양일까?'

이제 겨우 아홉 살이었지만 오펜하이머는 다른 친구들과는 달랐습니다. 열 살 즈음에는 좋아하던 블록을 포기하고 광물에 열중하였지요.

뿐만이 아니었습니다. 훌륭한 광물 수집품을 모은 것도 모

자라 열두 살부터는 〈뉴욕광물학클럽〉이 만든 소식지까지 읽게 되었답니다.

오펜하이머는 총명했습니다. 하지만 부모로부터 지나친 관심을 받았기에 한편으로는 예민하면서도 외로웠습니다.

오펜하이머 가족은 창밖으로 허드슨 강이 보이는 11층 넓은 아파트에서 살았습니다. 미국에서 옷감 수입 사업으로 큰돈을 번 아버지 율리우스 덕에 살림이 넉넉했지요. 또 고급스럽고 우아한 아파트에는 반 고흐의 작품이 걸려 있었습니다. 어머니 엘라는 실력 있는 화가이기도 했지만 좋은 그림을 가져올 수 있을 만큼의 재력도 충분했습니다. 오펜하이머 가족은 사람들이 부러워할 만큼 무엇 하나 모자란 것이 없었지요. 그리고 오펜하이머 가족은 유대인이었습니다.

* * *

"로버트, 같이 도서관에 가자!"

마주 오던 친구가 오펜하이머를 발견하고는 소리쳤습니다.

"벤저민, 좋은 생각이야. 그런데 어쩌지? 지금 다른 곳을 먼저 가야 해서 말이지."

오펜하이머는 쑥스러운 듯 고개를 숙이며 대답했습니다.

부모님은 아들 오펜하이머가 늘 걱정이었습니다. 건강이 안 좋은 것이 가장 큰 걱정거리였지만 친구도 많지 않았거든요. 게다가 수줍음이 많아 누군가 말을 걸면 도망갈 궁리를 하느라 쩔쩔매기도 했지요. 하지만 오펜하이머를 아는 모든 사람들은 똑같은 말을 했습니다.

"누가 뭐래도…… 그 아인 천재야!"

오펜하이머는 작고 허약한, 부끄러움이 많은 아이였지만 1921년 2월에 고등학교를 우수한 성적으로 졸업하였습니다. 그러나 이질에 걸려 고생이 이만저만 아니었지요.

"병이 낫긴 했지만…… 지금은 요양이 필요하다고 생각해요. 다시 병이 도진다면 그땐 치료가 더 힘들 수가 있거든요."

어머니가 어두운 낯으로 말했습니다.

"그럼 별 수 없군. 하버드 입학을 미뤄야겠어."

아버지도 대답하며 무겁게 고개를 끄덕였습니다.

오펜하이머 부부는 아들 로버트를 여행 보내기로 결정했습니다. 공부도 중요했지만 다시 아들을 잃고 싶진 않았습니다. 오펜하이머가 네 살 때, 남동생이 태어나자마자 죽었기 때문이지요.

오펜하이머는 고등학교 시절 영어교사였던 허버트 윈슬로 스미스와 함께 미국 남서부를 여행하기로 했습니다. 재력가였던 그의 부모는 아들 오펜하이머를 위해 영어교사 스미스를 고용했지요.

"좋은 생각이에요, 아버지! 저도 스미스 선생님과 함께하는 여행이라면 언제든 환영이에요."

"다행이군! 로버트, 이번 여행은 너를 위한 시간이야. 몸을 생각하면 병원에만 있어야겠지만 그게 어디 말이나 되니? 스미스 선생과 함께 넓은 세상을 보고 오렴. 너에게 귀한 경험이 될 거야."

오펜하이머는 고등학교 시절 스미스 선생님을 무척 좋아했습니다. 선생님도 모두가 천재라고 인정한 오펜하이머를 남다르게 아꼈지요.

여행 전날이 되었습니다. 스미스 선생은 오펜하이머 부모님과 여행 일정에 관한 이야기를 나눈 뒤, 오펜하이머와 마주 앉았습니다.

"어때, 컨디션은 괜찮니?"

스미스 선생이 말했습니다.

"좋아요, 걱정하실 일 없을 거예요."

오펜하이머도 싱긋 웃으며 대답했습니다.

"우리가 함께 갈 여행지는 마음에 드니?"

"네, 미국 남서부는 예전부터 가고 싶었거든요."

"다행이구나."

"그런데…… 선생님께 부탁이 있어요."

오펜하이머가 조심스럽게 입을 열었습니다.

스미스 선생은 오펜하이머의 낯빛이 어두워지는 것을 보자 마음이 무거워졌습니다. 제자인 오펜하이머는 천재이기도 했지만 알 수 없는 불안감을 가진 허약한 청년이기도 했습니다.

"무슨 일이지? 말해 보렴."

"그게 말이죠, 선생님……."

"그래, 어떤 부탁이지?"

"선생님, 어려운 부탁인줄은 알고 있지만…… 이번 여행 중에…… 선생님이 제 형이 되어주실 수는 없을까요?"

"선생이 아닌 네 형이 되어달란 이야기니?"

뜻밖의 부탁에 스미스 선생의 마음은 혼란스러워졌습니다. 오펜하이머가 스미스 선생의 동생이 된다면 오펜하이머는 유

대인이 아닌 잠시나마 미국인이 될 수 있었습니다.

그 시절, 유대인을 보는 사람들의 시선은 좋지 않았습니다. 그의 부모는 오래전, 유럽을 떠나 미국에서 성공한 재력가가 되었지만 유대인이라는 꼬리표가 늘 따라다녔습니다.

"로버트, 네가 걱정하는 마음은 이해한다. 하지만 잠시나마 미국인이 된다는 것이 큰 의미가 있을까."

스미스 선생은 부드러운 말투로 입을

열었습니다.

"선생님……, 그래서 어려운 부탁이라고 말씀드린 거예요. 솔직히 전 이 여행을 편한 마음으로 즐기고 싶거든요."

오펜하이머의 눈빛은 간절했습니다.

"그래, 네 말대로 형 노릇을 할 순 있다. 하지만 네가 유대인이라는 사실은 변하지 않아."

"그럼 전 앞으로 어떻게 행동하면 좋을까요?"

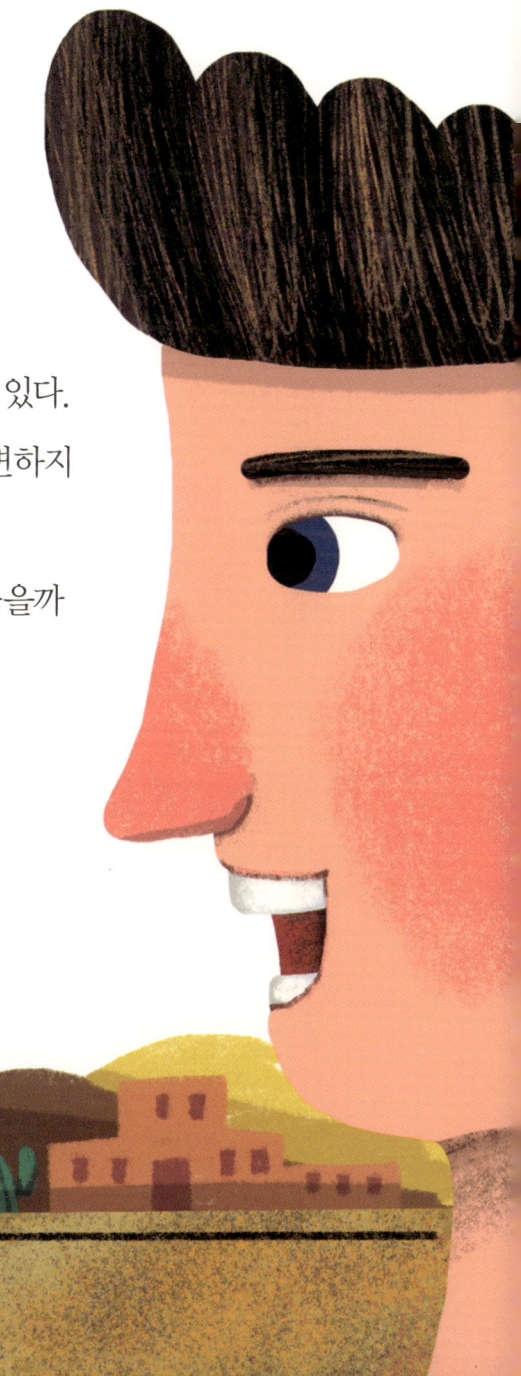

오펜하이머는 이제 고개를 숙이며 말했습니다.

"절망하지 말거라. 너보다 더 힘든 사람들 아니 유대인들이 지금 우리 주변에 있다. 지금 힘들다고 좌절한다면 앞으로 어떤 일을 할 수 있을까?"

"괜찮습니다……. 선생님 말씀이 옳아요. 그런데 전 앞으로 어떤 일을 할 수 있을까요?"

"불안해하지 말거라. 세상에 쉬운 일은 하나도 없단다. 그러니 시간을 갖고 노력을 해. 너의 재능도 소중하지만 노력은 더 값진 거란다."

오펜하이머는 얼굴이 뜨거워지는 것을 느꼈습니다. 유대인이여서 느끼는 복잡한 감정과 함께 스미스 선생이 말하는 미래의 '어떤 일'에 관한 생각 때문이었습니다.

'나처럼 몸이 허약한 소년이 무엇을 할 수 있을까? 성적은 좋지만 나는 유대인이잖아!'

여행으로 부풀었던 마음이 슬픈 마음으로 바뀌었습니다. 고등학교는 졸업했지만 앞으로 대학은 잘 다닐 수 있을까, 하는 걱정도 커졌습니다.

미국 남서부 여행은 생각보다 근사했습니다. 오펜하이머는 여행지 중에서도 뉴멕시코를 좋아했습니다. 뉴멕시코는 미국의 제47번째 주인데 북쪽으로는 콜로라도주, 동쪽으로는 오클라호마주와 텍사스주를 마주하고 있었기에 볼거리가 많았습니다.

부모님도 여행 후 부쩍 달라진 아들 오펜하이머를 반겼습니다.

"로버트, 네 얼굴이 밝구나! 여행이 좋았던 모양이야!"

"네, 몸이 좀 힘들긴 했지만 새로운 것들을 많이 보았어요. 물론 스미스 선생님이 많이 도와주시기도 했고요."

그 후로도 스미스 선생과 오펜하이머는 선생과 제자로 지내며 좋은 시간을 보냈습니다. 오펜하이머는 대학교에 가서도 스미스 선생에게 대학생활의 어려운 점을 털어놓곤 했지요.

열일곱 살에 하버드에 입학한 오펜하이머의 재능은 빛났습니다. 대부분의 학생들은 1년에 보통 8과목을 공부했지만 오펜하이머는 평균 12과목을 공부했습니다.

뿐만이 아니었습니다. 입학한 지 1년 만에 상위 1퍼센트만 가입할 수 있다는 '파이 베타 카파 클럽(Phi Beta Kappa Club)' 회원으로 뽑혔습니다. 2학년이 끝날 무렵에는 '뛰어난 학문적 성과'를 갖춘 학생에게 주는 '존 하버드 펠로(John Harvard Fellow)'가 되는 영광도 얻게 되었습니다. 덕분에 오펜하이머는 3년 만에 수석으로 하버드를 졸업하게 되었습니다.

  오펜하이머는 다양한 분야에 관심을 보였습니다. 그 중에서도 실험 물리학에 관심이 많았습니다. 하지만 오펜하이머는 자신의 실력을 충분히 발휘하지 못했습니다. 분석력은 뛰어났지만 실험실에서의 수행 능력은 떨어졌습니다. 몇몇 교수들은 그의 장래를 걱정하기도 했지요.

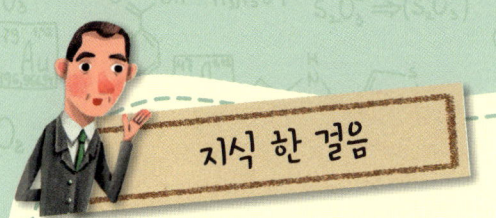

유대인이란?

유대인이란 어떤 민족을 말하는 걸까요? 유대인이란 히브리어를 쓰고 유대교를 믿는 민족을 말합니다. 유대인은 기원전 2,000년 경 메소포타미아에서 팔레스티나로 옮겨 살았습니다. 하지만 로마 제국에 의해 예루살렘이 파괴된 후 세계 각지에 흩어져 살았지요. 그 후로 유대인들은 오랜 세월 유럽 곳곳에 퍼져 살았습니다. 고국 땅에서 쫓겨난 유대인들이 할 수 있는 일도 한정되어 있었지요.

중세 기독교인들은 높은 이자를 받는 금융활동을 죄로 여겼습니다. 그래서 많은 사람들이 금융활동을 꺼렸는데요. 하지만 유대인들은 생계를 위해 금융과 무역 일에 뛰어들었습니다. 또 타고난 결속력과 훌륭한 교육으로 인해 많은 유대인들은 모두가 부러워하는 부자가 되었습니다. 유럽인 대다수가 믿는 기독교가 아닌 유대교를 믿는 것도 그들 삶의 방식이었지요. 그 후, 유대인들은 오랜 떠돌이 생활을 마치고 옛 땅인 이스라엘에 정착하여 살고 있습니다.

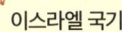
이스라엘 국기

유럽을 떠나는 과학자들

오펜하이머는 대학 시절 물리학에 관심이 많았습니다. 하지만 실제로 공부한 것은 화학이었지요. 하버드를 졸업한 오펜하이머는 영국에 있는 케임브리지 대학교로 유학을 떠났습니다. 그때만 해도 미국은 독일이나 프랑스, 영국에 비해 과학이 발달한 나라가 아니었습니다.

낯선 땅에서의 공부와 연구는 힘들었지만 오펜하이머는 독일 물리학자 막스 보른 밑에서 공부하여 9개월 만인 1927년에 박사 학위를 땄습니다. 그 후에는 미국으로 돌아와 여러 협

력자들과 함께 다양한 연구를 하며 새로운 공부를 했지요.

그러던 어느 날이었습니다.

"로버트, 소식 들었어?"

연구소 동료가 들어오며 말했습니다.

"무슨 일이지?"

오펜하이머가 책에서 눈을 떼며 물었습니다.

"결국은 아인슈타인이 미국으로 갔다는군."

"사실이야?"

"응, 신문에 기사가 났더군. 앞으로가 큰일이야, 히틀러가 만든 죽음의 그림자가 유럽을 에워싸고 있어."

"결국은 히틀러 때문에…… 독일 시민권을 포기했군."

"독일은 지금 천재 과학자를 버린 거야! 아인슈타인이 유대인이라는 이유 하나 때문에 고국을 떠난다니 말이 된다고 생각해?"

"독일은 분명 후회할 날이 올 걸세. 너무 흥분하지 마."

1933년 10월 17일, 아인슈타인의 미국 망명은 큰 뉴스가 되었습니다. 세계적인 과학자가 자신의 고국을 떠난다는 사실은 자신이 가진 권리와 직위를 모두 포기한다는 이야기였지요.

제1차 세계 대전 이후 독일에서는 유대인을 핍박하는 일이 심심찮게 벌어지고 있었습니다. 아무런 잘못도 없는 유대인들이 히틀러에 의해 차별 당하며 살고 있었지요.

― 독일에서는 유대인들이 길거리도 맘대로 다니지 못한대. 게다가 조금만 잘못을 하면 몽둥이로 얻어맞는다니……; 이게 무슨 일인가 싶어.

― 그것뿐만이 아니라네. 유대인들이 운영하는 가게도 모두 문을 닫고 있다네……, 유대인들은 학교나 연구소도 독일인들과 함께 다닐 수 없대.

오펜하이머는 친구들이 독일에 사는 유대인들 이야기를 할 때마다 식은땀이 흐르며 온몸이 으스스 떨렸습니다.

'유대인이라는 이유 하나만으로 차별 당하다니! 도대체 유대인들이 뭘 잘못했다고 괴롭히는 걸까…….'

오랜 세월 동안 유대인들은 마치 물과 기름처럼 유럽 사람들과 섞이지 못했습니다. 그들과 함께 이웃으로 지냈지만 그들 사이에는 보이지 않는 벽이 존재하고 있었지요.

물론 모든 유럽인들이 유대인을 차별하지는 않았습니다. 유대인을 있는 그대로 인정하며 따뜻한 이웃으로 지낸 사람들도 많았습니다. 하지만 독일에서의 사정은 달랐습니다. 히틀러는 유대인을 마치 아무짝에도 쓸모없는 벌레 보듯 취급했습니다.

"이제 실력 있는 유대인 과학자들은 아인슈타인을 따라 미국으로 가겠지."

오펜하이머가 다시 입을 열었습니다.

"나도 그렇게 생각하네. 이제 과학의 미래는 독일 즉 유럽에서 미국으로 옮겨지는 거야."

"변방에 있던 미국은 바빠지겠군."

"난 그것보다 앞으로 벌어질 일이 무섭다네. 우리 모두가 느끼고 있지 않나? 전쟁이 점점 다가오고 있다는 것을 말이야……."

　실제로 실력 있는 과학자들은 하나둘 유럽을 떠나고 있었습니다. 이제 유럽에서는 미래의 과학을 꿈꿀 수 없다고 생각했습니다. 그래서 그들은 새로운 땅, 미국으로 망명했습니다.
　히틀러는 전쟁을 준비하고 있었습니다. 1차 세계 대전이 끝난 지 겨우 20년이 조금 넘었을 때였지요. 뿐만이 아니었습니다. 히틀러는 유럽 대륙에 독일 제국을 세우겠다는 무서운 야망을 품고 있었습니다.

1차 세계 대전 패배로 힘들어하고 있던 독일 국민 앞에서 히틀러는 이와 같은 말을 하며 사람들의 마음을 사로잡았습니다.

- 우리 독일 국민은 훌륭한 민족이다! 그렇기에 우리에게는 더 넓고 좋은 땅이 필요하다.

- 또한 힘이 약한 민족이 독일의 요구를 들어주지 않을 때는 전쟁으로 정복하는 것이 당연하다!

- 나를 믿으라. 이곳 독일에는 위대한 힘이 있다!

유럽의 정치가들은 알고 있었습니다. 히틀러가 유럽의 평화를 위협하고 있다는 사실을 말이지요.

* * *

1938년 12월 10일 스웨덴 스톡홀름 콘서트홀에서는 노벨상 시상식이 열리고 있었습니다. 콘서트홀은 이미 노벨상을 수상한 사람들부터 시작해서 과학계의 유명한 박사들과 스웨덴의 학술 회원들로 가득했지요.

물리학, 화학, 생리·의학, 문학, 평화, 경제학 6개 분야 중에서 물리학상을 수상할 차례가 되었습니다.

"존경하는 국왕 폐하, 왕실 귀빈 여러분 그리고 신사 숙녀 여러분! 스웨덴 왕립 과학한림원에서 노벨 물리학상을 발표하게 되어 영광입니다. 이번 노벨 물리학상 수상자는 엔리코 페르미 박사입니다!"

엔리코 페르미 박사는 가슴이 뜨거워지는 것을 느꼈습니다. 그러면서 노벨상을 받기 전 겪은 힘든 일들이 떠올라 눈물이 나오려는 것을 꾹 참았습니다.

"여보! 당신이 정말 자랑스러워요!"

함께 시상식에 참석했던 엔리코 페르미 박사 부인이 말했습니다.

"아니오, 모두가 힘쓴 덕이에요. 나 혼자만의 힘으로는 상을 탈 수 없었어요!"

페르미 박사는 아내를 안으며 감격에 찬 목소리로 말했습니다.

* * *

노벨상을 받기 전, 이탈리아가 조국인 페르미는 불안감에 휩싸였습니다. 이탈리아의 무솔리니도 히틀러와 함께 유대인을 탄압했기 때문이지요. 또 자신은 가톨릭을 믿는 이탈리아인이었지만 부인의 몸에는 유대인의 피가 흐르고 있었거든요.

페르미는 결심했습니다. 유대인을 탄압하는 무솔리니를 피해 조국 이탈리아를 떠나기로요.

"걱정하지 말아요. 우리는 곧 미국으로 떠날 거예요. 우리를 받아줄 대학도 많을 테고요."

페르미가 아내에게 말했습니다.

"미안해요, 나 때문에 당신이 태어난 조국을 떠나다니……."

아내가 눈물을 흘리며 대답했습니다.

"괜찮아요, 나에게는 조국도 소중하지만 우리 가족이 더 소중하다오. 그리고 어서 빨리 미국에 편지를 보내야겠어요. 우리 가족이 살 장소도 찾아보고요."

페르미는 히틀러의 그림자가 두려웠지만 가족 앞에서는 차마 내색할 수 없었습니다.

얼마 뒤, 미국의 몇몇 대학에서 답장이 도착했습니다. 미국은 페르미와 같은 세계적인 물리학자가 오기만을 애타게 기다리고 있었지요. 또 그래야만 유럽에 뒤처져 있던 미국의 자연과학이 눈부신 발전을 할 수 있으니까요.

"여보, 답장이 왔어요! 우리는 미국에 갈 수 있어요!"

페르미가 가족들을 둘러보며 큰소리로 외쳤습니다.

그리고 며칠 뒤 코펜하겐 모임에서 뜻밖의 소식을 듣게 되었습니다. 다름 아닌 페르미 자신이 노벨 물리학상 후보에 올랐다는 소식이었습니다.

"오, 노벨상이라니! 믿을 수가 없는 일이군……."

페르미 가족은 얼싸안고 눈물을 흘렸습니다.

어려움 속에서도 좌절하지 않고 연구한 보람이 이제 빛을 발하고 있었습니다. 또 세상에서 가장 영예로운 노벨상을 받게 된다면 동시에 많은 상금도 받을 수 있었습니다. 페르미 가족에게는 돈이 절실하게 필요했습니다. 그들 가족에게는 노벨상 이야기가 기적과도 같은 일이었습니다.

* * *

가족을 포함한 많은 사람들이 페르미를 향해 박수를 쳤습니다. 상을 받기 위해 앞으로 나온 페르미는 며칠 전에 들은 이야기를 기억해냈습니다.

이탈리아 피시스트 정부는 페르미에게 이렇게 말했지요.

"상을 받을 때 반드시 파시스트 식 경례를 하시오!"

그러나 페르미는 파시스트 식 경례 대신 스웨덴 국왕과 정중히 악수를 하였습니다. 세계인들이 모인 명예로운 장소에서 무례한 인사는 옳지 않다고 생각했지요. 그리고 1939년 1월에 페르미 가족은 뉴욕에 무사히 도착했습니다.

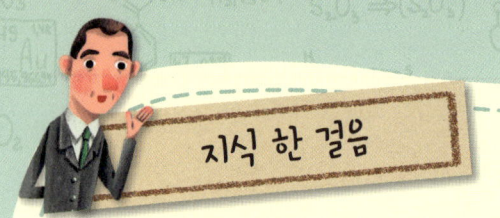

지식 한 걸음

노벨상이란?

노벨상은 어떤 상일까요? 노벨상은 다이너마이트를 발명한 스웨덴의 화학자 노벨에 의해 만들어진 상입니다. 인류 최고의 상이라 불리기도 하지요. 노벨은 다이너마이트를 만들어 부자가 되었지만 고민이 많았습니다. 자신이 만든 다이너마이트가 전쟁 무기로 쓰였기 때문인데요. 한 번은 신문에 '죽음의 상인'이 죽었다는 기사를 보았습니다. 형인 루드비그가 죽었는데 기자는 동생인 알프레드 노벨이 죽은 줄 알고 있었지요.

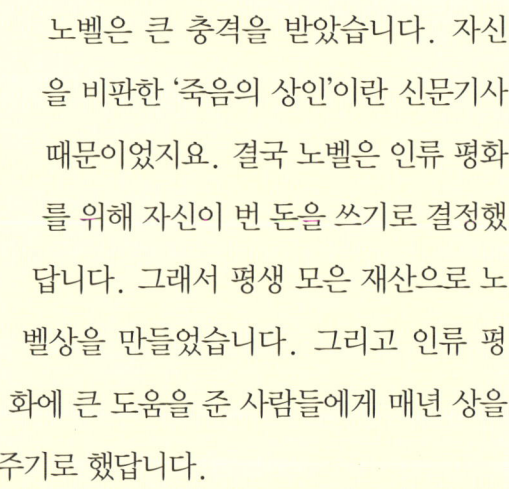

노벨은 큰 충격을 받았습니다. 자신을 비판한 '죽음의 상인'이란 신문기사 때문이었지요. 결국 노벨은 인류 평화를 위해 자신이 번 돈을 쓰기로 결정했답니다. 그래서 평생 모은 재산으로 노벨상을 만들었습니다. 그리고 인류 평화에 큰 도움을 준 사람들에게 매년 상을 주기로 했답니다.

매년 12월 10일은 노벨상 시상식이 열리는 날입니다. 12월 10일은 노벨이 죽은 날이기도 하지요. 노벨상은 물리학, 화학, 생리·의학, 문학, 평화, 경제학 6개의 분야에 걸쳐 상을 줍니다. 2000년에는 한반도 냉전 문제를 해결하기 위해 힘을 쓴 김대중 전 대통령이 평화상을 수상하기도 했지요.

노벨상은 상금이 많은 것으로도 유명합니다. 1901년 노벨상 첫 수상자에게 준 상금은 1만 5000크로나로 당시 스웨덴 대학 교수의 25년 치 연봉에 해당한다고 하니 대단하지요. 그리고 지금은 그 금액이 더 늘어 우리나라 돈 가치로 치면 약 18억 원의 상금이 수여된다고 합니다.

긴박하게 돌아가는 미국과 독일

1930년대를 살았던 물리학자들에게는 최고의 목표가 있었습니다. 바로 원자 속에 들어 있는 핵을 연구하는 핵물리학이었습니다. 그리고 1938년에 퀴리부인의 장녀인 이렌 퀴리는 깜짝 놀랄 만한 발견을 했습니다. 바로 우라늄이 중성자와 충돌했을 때 원자 번호 57번 원소가 나온다는 결과였습니다.

'이상하군. 원자 번호 92번인 우라늄이 35단계나 낮은 원자를 쪼갤 수 있다고?'

이와 같은 결과에 의문을 가진 과학자 둘이 있었습니다. 바

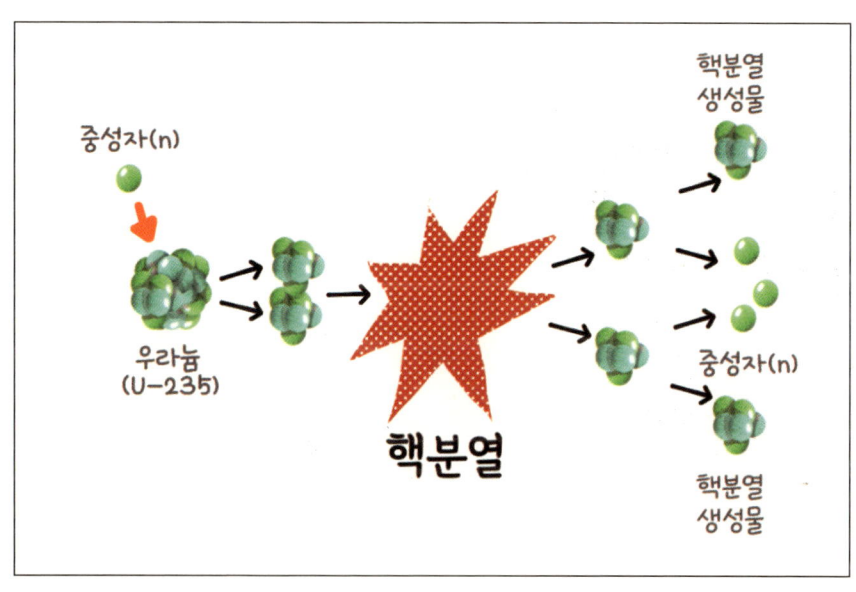

로 물리학자 오토 한과 프리츠 슈트라만이었습니다.

두 물리학자는 이렌 퀴리의 연구를 증명하고 싶었습니다. 그래서 낮이고 밤이고 연구에 매달렸습니다. 그리고 1938년 12월 17일에 연구 결과가 나왔습니다.

"붕괴된 물질의 질량은 우라늄의 절반 정도야. 그리고 원소가 가진 성질은 원자 번호 56번인 바륨과 비슷해 보여!"

"맞아, 우라늄이 붕괴한 물질 가운데 바륨이 있는 것 같아!"

뜻밖의 결과에 한과 슈트라만은 흥분했습니다.

이제 한과 슈트라만은 우라늄 붕괴에 대한 확신이 섰습니다. 우라늄이 비슷한 질량의 두 물질로 쪼개진다는 사실과 우라늄이 붕괴하면 바륨이 얻어진다는 사실을 알게 되었지요.

또 우라늄이 붕괴할 때 엄청난 에너지가 나올 수 있다는 것을 알게 된 큰 연구 결과이기도 했습니다. 그리고 이 결과로 인해 곧 원자 폭탄을 만드는 무시무시한 계획이 세워지기 시작했습니다.

전 세계에 있는 물리학자들의 마음이 다급해졌습니다. 특히 독일과 미국이 그러했는데요. 이제는 우라늄을 재료로 한 무기를 누가 먼저 만드느냐가 중요한 문제로 떠오르게 되었습니다.

— 큰일입니다. 독일이 먼저 원자 폭탄을 만들게 된다면…… 아, 상상만 해도 끔찍합니다!

— 독일 역시 핵 실험에 박차를 가하고 있다고 들었습니다. 그들의 실험을 중단시킬 수 있는 좋은 방법이 없을까요?

— 가장 좋은 방법은 독일이 우라늄을 갖지 못하도록 하는 겁니다! 그리고 반드시 알아야 할 것이 있습니다. 바로 원자 폭탄을 처음 개발하는 나라가 이 전쟁에서 승리할 수 있다는 사실입니다!

모두가 알고 있는 사실이었습니다. 하지만 독일 내 핵실험이 어떻게 진행되고 있는지를 자세히 알고 있는 사람은 없었습니다.

다급한 마음에 물리학자들은 미국에 있는 아인슈타인을 찾아가 물었습니다.

"박사님, 큰일입니다. 우라늄 원자핵이 가진 무시무시한 연쇄 반응을 이제는 독일도 알게 되었습니다."

"그러니까 우라늄 핵 원자기 가

진 연쇄 반응은 곧 핵분열 연쇄 반응을 말하며 이는 곧 우라늄을 통해 파괴력이 큰 에너지를 얻을 수 있다는 말이 사실인가요?"

"네, 그렇습니다! 그리고 독일이 먼저 원자 폭탄을 만들게 된다면 유럽은 우리 모두가 걱정했던 군국주의에 빠져들 것입니다."

"그렇다면 여러분의 생각은 어떤가요? 좋은 방법이 있을까요?"

아인슈타인도 선뜻 자신의 생각을 말할 수 없었습니다. 그만큼 심각하면서도 긴박한 문제였지요.

"우선은 벨기에 정부가 콩고에 있는 우라늄을 독일에 팔지 않도록 설득해야 합니다!"

한 물리학자가 말했습니다.

아프리카에 있는 콩고란 국가는 우라늄을 대량으로 생산할 수 있는 나라였습니다. 그리고 그곳 콩고의 우라늄 채광권을 벨기에가 가지고 있었는데요. 벨기에가 콩고를 식민지 삼고 있었기에 그랬지요.

"우선은 미국 정부에 편지를 쓰는 것이 좋겠습니다. 그래야만 미국도 이 긴박한 상황을 알 수 있을 테니까요."

또 다른 물리학자가 말했습니다.

"좋습니다. 제가 편지를 쓰도록 하겠습니다!"

아인슈타인의 확고한 대답에 물리학자들은 아인슈타인과 함께 편지를 쓰기 시작했습니다.

<프랭클린 루스벨트 미합중국 대통령 귀하>

대통령 각하.

얼마 전 미국으로 온 페르미의 연구 논문을 보게 되었습니다. 그리고 우리 물리학자들은 우라늄 핵에너지가 미래사회를 발전시킬 수 있는 중요한 에너지라는 사실을 알게 되었습니다.

하지만 무서운 에너지가 될 수도 있습니다. 대규모 우라늄을 이용한 핵이 만약 폭탄 개발로 사용된다면 그 누구도 상상하지 못할 무서운 원자 폭탄이 만들어질 수 있습니다.

저는 현재 상황을 그대로 지켜볼 수 없습니다. 그래서 미국 정부는 연쇄 반응을 연구하는 믿을 수 있는 물리학자에게 핵실험을 부탁했으면 하는 바람을 갖고 있습니다.

아인슈타인

편지글을 마치자 여기저기서 깊은 한숨이 새어 나왔습니다.

이제는 모두가 루스벨트 대통령의 답장을 기다려야 했지요.

"우라늄 원자핵의 연쇄 반응이 가능하단 말인가?"

아인슈타인의 편지를 읽은 루스벨트 대통령의 얼굴은 심각했습니다.

"네, 그렇습니다, 각하. 핵분열 연쇄 반응으로 파괴력이 큰 에너지를 얻을 수 있습니다."

한때 루스벨트 대통령과 함께 일했던 작스가 대답했습니다.

"심각한 일이군."

"각하, 우라늄 폭탄이 가진 위력을 말씀드리겠습니다. 만약 원자 폭탄이 만들어진다면 그 위력은 고성능 폭약 2만여 톤과 비슷할 거라 예상합니다."

"2만여 톤과 비슷하다고?"

루스벨트 대통령은 깜짝 놀라 작스를 바라보았습니다.

"그렇습니다, 각하! 배 안에 있는 폭탄을 폭파시킬 경우, 배는 물론이고 주변 항구와 그 도시 전체를 폐허로 만들 수 있습니다."

루스벨트 대통령은 이제 가만히 있을 수 없게 되었습니다. 대통령은 곧 보좌관을 불렀습니다.

1939년 10월 21일에 위원회와 핵물리학자들의 첫 모임을 워싱턴에서 열었습니다. 모임에 온 물리학자들은 다양한 의견을 내놓으며 열띤 토론을 벌였습니다.

— 믿을 수가 없군요. 우라늄 폭탄의 위력이 고성능 폭약 2만여 톤과 비슷하다고요?

— 그리고 우라늄과 중성자를 충돌시켜 폭탄을 만들 수 있다는 말도 이해가 되지 않네요.

— 모두가 아셔야 합니다. 우리가 이렇게 회의를 하고 있는 동안에 독일이 먼저 무시무시한 원자 폭탄을 만들 수 있다는 사실을요!

— 저도 어서 빨리 핵실험을 진행해야 한다고 생각합니다. 독일이 먼저 공격할 수 있으니까요. 그래서 말인데 이제 우리는 힘을 합쳐야 합니다!
— 그렇습니다. 과학이 전쟁에 봉사할 수 있는 기회가 드디어 왔습니다!

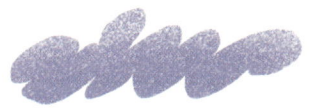

독일도 긴박하기는 마찬가지였습니다. 미국과 영국이 독일을 견제하고 있다는 사실을 알고 있기에 핵실험을 더욱 서둘렀습니다. 원자 폭탄 연구는 독일이 훨씬 앞서고 있었지만, 미국의 움직임이 심상치 않아 보였기에 독일 역시 숨 돌릴 틈이 없었지요.

그리고 이들 독일에게는 중성자를 감속시킬 수 있는 물질 즉 중수가 필요했습니다. 중수가 있어야만 우라늄을 이용한 원자 에너지 생산이 가능했지요. 하지만 중수는 쉽게 구할 수 없었습니다. 독일 안에는 중수를 만들 수 있는 공장이 없었지요. 또 중수를 구하기 위해 전쟁 중에 공장을 세울 수도 없

었습니다.

　결국 독일은 노르웨이 남부에 있는 베모르크 전기 화학 공장을 찾아갔습니다. 이 공장에서는 암모니아를 생산하고 남은 중수를 대량으로 갖고 있었지요. 하지만 독일의 계획을 알게 된 베모르크 공장은 독일의 주문을 거절했습니다. 대신 프랑스에게 중수를 모두 주었지요. 이 사실을 안 독일은 가만있지 않았습니다.

　"우리 독일에게 중수를 팔지 않겠단 말이지…… 그렇다면 공장을 우리 것으로 만들어야겠군!"

지식 한 걸음

아돌프 히틀러

→ 아돌프 히틀러

오스트리아의 작은 마을에서 태어난 히틀러는 어렸을 때부터 화가가 되고 싶었습니다. 하지만 그림에는 소질이 없었기에 꿈을 접었지요. 세월이 흘러 청년이 된 히틀러는 1919년에 독일 노동당(나치)에 가입한 뒤, 당의 주도권을 장악했습니다.

히틀러는 뛰어난 연설 실력으로 인기를 끌었다고 합니다. 또 1923년에는 독일의 바이마르 정권을 무너뜨리려 했으나 실패하여 감옥에 갇히기도 했지요. 하지만 당을 새롭게 만든 뒤 1933년에 독일 수상이 되었습니다. 모두가 깜짝 놀랄 일이었습니다.

히틀러는 독일 사람들의 마음을 뒤흔들었습니다. 독일은 위대한 민족이며 전쟁을 통해 나라가 부강해질 수 있다고 말하면서요. 국민들은 그런 히틀러를 열렬히 지지했습니다. 1차 대전 패망 후, 독일 국민은 큰 좌절에 빠져 있었기에 히틀러의 연설이 그들 마음을 움직였지요.

그 후 히틀러는 유럽을 모두 독일 땅으로 만들기 위해 제2차 세계 대전을 일으켰습니다. 그때 아무 잘못도 없는 유대인들을 많이 죽였지요. 하지만 1944년 연합군이 베를린을 점령하고 독일군이 패망하자 1945년 총통 관저 지하에서 아내와 함께 스스로 목숨을 끊었습니다.

맨해튼 프로젝트*
연구소장이 되다

　독일의 침략은 더욱 거세졌습니다. 노르웨이를 점령한 뒤 덴마크까지 손아귀에 넣었습니다. 그리고 힘겨운 전투 끝에 중수를 대량으로 가지고 있는 베모르크 공장을 점령했습니다. 그때 영국과 미국은 핵실험 끝에 원자 폭탄을 만들 수 있다는 결론에 도달했습니다. 문제는 어느 나라가 먼저 원자 폭탄을 만드느냐에 달려 있었습니다. 그래야만 전쟁에서 승리할 가능성

* **맨해튼 프로젝트**: 미국의 원자 폭탄 개발 계획

이 더 높아지기 때문이지요.

영국 정부와 미국 정부는 머리를 맞대고 회의를 했습니다. 그리고 루스벨트 대통령의 지시에 따라 원자 폭탄을 만드는 계획을 세우기 시작했습니다.

우라늄은 아프리카 콩고와 캐나다에서 충분히 가져올 수 있었습니다. 또 원자 폭탄을 만드는 데 필요한 비용과 함께 3~5년 사이면 원자 폭탄을 만들 수 있을 것이란 시간 계산도 하였습니다.

그러던 중, 1941년 12월에 생각지도 못한 일이 발생했습니다. 일본이 만주를 점령한 뒤 중국까지 침략하자 미국과 영국은 일본을 압박하기로 결정했습니다. 첫 번째로 고철과 석유가 일본으로 들어가는 것을 막았습니다. 또 전쟁 필수품도 공급 중지를 시켰습니다. 미국이 이와 같은 행동을 한 이유는 전쟁이 더 커지는 것을 막기 위해서였습니다.

결국 일본은 1941년 12월 7일에 미국 하와이 제도 오아후 섬에 있는 진주만을 공격하기로 결정했습니다. 군국주의에 빠져 있던 일본은 전쟁에 온 국민을 총동원시켰지요.

진주만에 닻을 내리고 머무르고 있던 배는 일본 폭격기의 목표

가 되었습니다. 때는 일요일 아침이었기에 미군도 많지 않았지요.

일본은 그야말로 무자비한 폭격을 가했습니다. 이 폭격으로 미국 군함 애리조나 호가 침몰되면서 1,102명의 선원이 목숨을 잃었습니다. 또한 180여 대가 넘는 비행기가 파손되었고 군인을 포함한 사망자가 3,400명이나 되었습니다. 미국은 충격에 빠졌습니다. 미국은 그 즉시 일본에 전쟁을 선포했습니다.

"점점 더 상황이 악화되어 가는군."

라디오를 듣고 있던 오펜하이머가 아내를 보며 말했습니다.

진주만 공습이 터지기 1년 전인 1940년에 오펜하이머는 결혼을 했습니다.

"독일도 이탈리아도…… 그리고 일본 국민들도 전쟁만이 잘 사는 길이라 믿고 있어요!"

아내 키티는 두려운 목소리로 중얼거렸습니다.

"걱정하지 마요. 미국 역시 가만있지 않을 거요."

"과연 그럴까요?"

"미국을 과소평가하지 말아요. 하지만 일본은 미국을 과소평가했소. 그렇지 않고서야 진주만을 공격할 수 없지. 일본은 분명 혹독한 대가를 치르게 될 거요."

"그런데 당신이 하는 연구는 어디까지 진행되었나요?"

"사람들과 계속 이야기하고 있지. 밤낮을 가리지 않고 말이야."

오펜하이머는 학회를 열어 물리학자들과 함께 원자 폭탄을 만드는 방법과 그 위력에 관한 이야기를 나눴습니다. 그리고 1942년에는 원자 폭탄을 만들기 위한 프로젝트에 참여하게 되었습니다. 미국 역시 일본의 급작스러운 공습에 원자 폭탄 만들기 계획을 더 빠르게 진행하기로 했습니다.

"이제는 원자 폭탄을 만들 수 있어!"

1942년 5월, 미국의 물리학자 콤프턴은 원자 폭탄을 만들 수 있는 구체적인 계획을 내놓았습니다.

1942년 : 연쇄 반응 성공하다

1943년 : 플루토늄 생산 공장 완공하다

1944년 : 플루토늄 확보하다

콤프턴의 계획을 본 루스벨트는 빠르게 일을 진행하기로 결정했습니다. 말 그대로 1분 1초가 아까운 순간이었지요. 왜냐하면 독일이 먼저 원자 폭탄을 만들면 안 되니까요.

루스벨트 대통령은 진주만 공습 후 불과 6주 뒤에 원자 폭탄 개발 계획을 승인하였습니다.

1942년 5월에 미국의 물리학자들이 한자리에 모였습니다. 물리학자들도 현재의 긴박한 상황을 알았기에 회의장 안에는 긴장감이 맴돌았습니다.

"원자 폭탄을 만들 수 있는 다섯 가지 방법이 있다고 들었소. 어떤 방법인지 설명하길 바라오."

한 물리학자가 일어나 말했습니다.

곧이어 물리학자의 질문에 대한 답이 나왔습니다.

"그렇습니다. 현재 우리에게는 다섯 가지 제조 방법이 있습니다. 원심 분리법, 가스 확산법, 전자기 방법 그리고 흑연 사용법과 중수 사용법입니다. 다행스럽게도 이 다섯 가지 방법

은 성공 확률이 높습니다. 문제는 만들어내는 시간입니다."
 여기저기서 사람들이 웅성거리기 시작했습니다.

─ 그럼 어떤 방법으로 만들 것이오?
─ 시간은 충분하오?
─ 원자 폭탄을 만들 수 있는 사람과 공간은 있습니까?

질문이 잠잠해지자 곧이어 그들이 원했던 답이 나왔습니다.

"네, 여러분들의 걱정과 고민…… 충분히 이해합니다. 그래서 저희들도 같은 문제들을 놓고 오랜 시간 고민했습니다. 결론은 다섯 가지 방법 모두를 동시에 진행할 계획입니다. 만약 다섯 가지 방법 중 하나만을 선택했다가 그 계획이 실패한다면 우리 모두 곤란한 상황에 빠질 것이 분명하기 때문입니다. 아까도 이야기했지만 지금은 시간과의 싸움이 우선입니다. 정보원 말에 의하면 독일이 우리보다 1년 빠르게 만들 수도 있다는 이야기가 있습니다."

이번에는 여기저기서 걱정하는 소리와 한숨이 흘러나왔습니다.

"여러분, 걱정하지 마십시오. 우리는 반드시 독일보다 먼저 원자 폭탄을 만들 수 있습니다!"

물리학자들의 걱정과는 달리 원자 폭탄을 만드는 계획은 빠르게 진행되었습니다. 그리고 모든 계획을 책임질 수 있는 총사령관을 뽑아야 했습니다.

미국의 소머벨 장군은 자신의 부하 레슬리 그로브스를 머릿속에 두고 있었습니다. 그로브스는 육군 공병대 대령 출신인데 결단력도 탁월했고 주어진 일 역시 완벽하게 해냈습니다. 그리고 무엇보다 그는 미국을 사랑하는 애국심이 깊었습니다. 그로브스는 곧 능력을 인정받아 물리학자들과 함께 핵무기 개발을 총지휘하게 되었습니다.

"우리는 지금 원자 폭탄을 개발하기 위해 여기 모였습니다. 이제부터 제가 여기 모인 과학자 여러분들을 관리할 것입니다. 그러니 여러분들도 원자 폭탄을 만드는 일에 최선을 다해주셨으면 합니다. 지금 우리에게는 일분일초가 부족하다는 사실을 명심하셔야 합니다."

그로브스의 능력은 탁월했습니다. 하지만 군인인 그로브스에게 고민이 생겼습니다. 다름 아닌 미국 전역에서 온 물리학자들과의 소통 문제였습니다. 그는 훌륭한 군인이었지만 원자 폭탄에 관해서는 아는 것이 거의 없었습니다. 원자 폭탄을 만드는 물리학자들과 대화를 해야만 보다 수월하게 그들을 지휘할 수 있었지요.

'어렵군! 나 혼자서는 해낼 수 없는 일이야. 나와 함께 일을 처리할 물리학자를 찾아야겠어.'

그로브스는 연구소장으로 일할 수 있는 인물을 찾기 시작했습니다. 누구보다 물리학을 잘 알고 있어야 했고, 물리학자들이 원자 폭탄을 만드는 데 도움을 줘야 했습니다.

* * *

오펜하이머와 그로브스는 한 눈에 서로를 알아보았습니다. 그로브스는 오펜하이머가 천재라는 것을, 오펜하이머는 그로브스가 훌륭한 군인이라는 사실을요.

"반갑습니다. 오펜하이머 박사, 당신에 관한 소문과 칭찬은 이미 많이 들었습니다."

그로브스가 손을 내밀며 악수를 청했습니다.

"저 역시 반갑습니다. 장군님께서도 육군 대형 건설 업무에서 이름이 빠진 적이 없다죠."

오펜하이머도 싱긋 웃으며 그로브스의 손을 잡았습니다.

"우선 우리가 진행하는 연구는 비밀이 최우선입니다. 저 역시 가족들에게 제 일을 정확히 말하지 않았지요."

그로브스가 다시 입을 열었습니다.

"그럼 저 역시 장군님이 하신 말씀을 비밀로 해야 하나요?"

오펜하이머가 긴장한 얼굴로 물었습니다.

"그렇소, 대신 나와는 비밀 이야기를 해도 괜찮소. 그래서 말인데, 맨해튼 프로젝트의 연구소장직을 맡아주면 좋겠습니다."

"……."

한동안 오펜하이머는 대답을 하지 않았습니다.

"만약 맨해튼 프로젝트 연구소장직을 맡게 된다면…… 그동안 당신이 누렸던 생활은 없을 것이오. 가족과의 생활은 꿈도 꿀 수 없소. 자유로운 생활도 없을 것이오. 오직 원자 폭탄만을 만드는 연구에만 매달려야 하오."

"또 다른 일은 없습니까?"

"당신은 모든 과학자들을 관리해야 하오. 그들과의 원활한 교류가 있어야만 우리가 원자 폭탄을 만들 수 있단 얘기지. 힘들어도 참아야 하고, 화가 나도 참아야 하오. 왜 그래야만 하는지는 로버트 당신도 잘 알 것이오."

오펜하이머는 물끄러미 창밖 풍경을 바라보았습니다. 그러나 곧 확신에 찬 목소리로 대답했습니다.

"네, 연구소장직을 맡도록 하겠습니다."

긴장하고 있던 그로브스의 얼굴에 웃음꽃이 피었습니다.

"로버트, 앞으로 우리가 할 일을 말해 주겠소. 우선은 미국 땅에서 연구소를 지을 장소를 정해야 합니다. 도시와는 멀지만 교통은 좋아야 합니다. 물도 편하게 쓸 수 있는 곳이어야 하고요. 그리고 가장 중요한 것 한 가지는 시민의 안전이 보장된 곳이어야 합니다."

"네…… 그렇군요."

연구소를 지을 첫 번째 후보지는 유타 주에 있는 오크 시였습니다. 하지만 이곳에는 농사를 짓는 사람들이 많았습니다. 두 번째 후보지는 뉴멕시코 주에 있는 예메스 스프링스였습니다.

그로브스는 두 번째 후보지인 예메스 스프링스가 맘에 들지 않았습니다.

"내가 생각한 후보지가 아니오. 다른 곳으로 갑시다."

그러나 오펜하이머의 생각은 달랐습니다.

"조금 더 둘러보면 어떨까요. 계곡 밑에 있는 로스앨러모스라는 학교도 둘러보고요."

두 사람은 계곡에 올랐습니다. 계곡 위에서 아래를 보니 멋진 풍경과 넓은 땅이 한눈에 들어왔습니다.

"오, 저 학교가 로스앨러모스라는 학교인가요? 로버트 당신 말대로 둘러보길 잘했군요. 이곳이야 말로 내가 찾던 곳입니다!"

그로브스가 활짝 웃으며 말했습니다.

"다행이군요. 저도 이곳이 좋습니다!"

오펜하이머는 그로브스와 다시 악수를 하며 다음 일을 계획하였습니다. 그리고 그곳, 뉴멕시코에 있는 황무지 로스앨러모스는 원자 폭탄을 만드는 장소가 되었습니다.

두 번째 일은 연구소에서 함께 일할 수 있는 물리학자를 데려오는 일이었습니다. 오펜하이머는 미국 전역을 돌아다니며 물리학자들을 만났습니다. 하지만 그들의 대답은 비슷했습니다.

— 이곳 캘리포니아 생활을 접고 뉴멕시코로 가는 건 어렵습니다.
— 죄송하지만 힘들 것 같습니다. 뉴욕에서 수십 년을 살았는데 이곳을 한 순간에 떠나긴······.

그러나 오펜하이머는 포기하지 않고 그들을 설득했습니다.

"아시다시피 지금은 전쟁이 벌어지고 있는 비상시국입니다. 우리 미국이 위기에 처해 있다는 이야기입니다!"
물리학자들도 그들의 의견을 굽히지 않았습니다.

─ 그곳은 군이 후원하고 있기에 자유로운 연구는 어렵지 않을까요?
─ 맞습니다! 연구는 독창성이 최우선입니다! 그래서 말인데 개인

여행은 갈 수 있을까요? 또 전쟁이 끝난 뒤에는 일자리를 구할 수 있을까요?

다시 오펜하이머가 상기된 얼굴로 입을 열었습니다.

"여러분의 입장과 생각을 충분히 이해합니다. 하지만 원자 폭탄을 만드는 연구는 위대한 도전이 될 것입니다. 과학을 앞으로 더 발전시킬 수 있다는 이야기입니다. 그리고 지금 우리는 전쟁을 하고 있습니다. 앞에서도 이야기했다시피 지금 독일은 원자 폭탄을 만들기 위해 혈안이 되어 있습니다. 만약 우리 미국보다 독일이 먼저 원자 폭탄을 만든다면 유럽은 물론 미국까지도 위험에 처하게 됩니다. 여러분! 여러분이 가진 훌륭한 물리학 지식으로 애국을 할 수 있습니다. 이렇게 값진 일을 놓칠 수는 없지 않습니까?"

순간 주위가 조용해졌습니다. 젊은 물리학자부터 나이든 물리학자까지 '조국을 위한 애국'이란 말에 가슴이 뜨거워졌지요.

얼마 뒤, 로스앨러모스에는 무려 2,500여 명이나 되는 물리학자들이 몰려왔습니다. 오펜하이머의 이야기에 많은 물리학자들이 감동했다는 증거지요.

독일 방해 작전
- 중수 공장을 폭파하라!

"지켜보고만 있을 수는 없소! 독일이 만약 세계 최초로 원자 폭탄을 만든다면……, 우리 영국은 독일과 싸워 이길 수 없단 말이오!"

영국도 미국만큼 불안하기는 마찬가지였습니다. 미국이 지금 온 힘을 들여 원자 폭탄을 만들고는 있지만 독일 역시 미국만큼 서두르고 있었습니다. 어쩌면 미국보다 먼저 만들 수 있었습니다.

"현재 우리가 할 수 있는 방법은 독일이 차지한 베모르크 중수 공장을 폭파하는 방법 뿐이오."

베모르크 공장은 노르웨이 남부에 있는 전기 화학 공장입니다. 그런데 공장에서 나오는 중수를 차지하기 위해 독일이 공장을 점령했지요.

"중수 공장 위치가 공격하기 어려운 지역 아닙니까? 과연 우리가 파괴할 수 있을까요?"

"노력해야지요. 지금은 그 방법 밖에는 없소."

"알겠습니다. 그럼 일을 진행하도록 하겠습니다."

많은 고민 끝에 영국은 결정하였습니다. 보기만 해도 아찔한 화강암 절벽 사이에 있는 베모르크 중수 공장을 파괴하기로요. 그래야만 독일이 원자 폭탄 만드는 계획을 늦출 수 있었지요.

하지만 독일군들은 공장을 빈틈없이 지키고 있었습니다. 게다가 철조망도 겹겹이 둘러싸여 있어 영국군은 현수교를 통해 공장으로 들어가야 했습니다.

"침투작전은 철저히 준비했겠지요?"

"걱정하지 마십시오. 최선을 다하겠습니다!"

영국군들은 1942년 10월 18일에 첫 침투작전을 실행하였습니다. 하지만 결과는 참혹했습니다. 2대의 글라이더 중 한

대는 충돌을 했고 또 다른 한 대마저 추락을 하면서 작전은 실패하고 말았습니다.

1차 침투작전이 실패한 뒤 영국군은 큰 죄책감에 시달려야 했습니다.

"지금 내 심정이 어떤지 아시오? 나는 지금 런던 사무실에 편안하게 앉아 있는데 우리 요원들은 위험한 침투작전을 수행하고 있소. 그들이 다시 작전을 실패한다면……, 아, 이 죄책감을 어쩌란 말이오!"

하지만 하루빨리 전쟁을 끝내기 위해서는 다른 방법이 없었습니다.

"나도 당신과 같은 감정을 느끼고 있다오. 하지만 전쟁 통에는 우리가 생각지 못한 일들이 종종 생기잖소. 그러니 우리 나약한 인간은 신께 기도를 드리는 수밖에 없소."

1943년 2월에 여섯 명의 노르웨이 군인이 베모르크 공장을 향해 출발했습니다. 이들의 결의는 실로 대단했습니다.

"모두 청산가리 하나씩 챙겨!"

군인들의 깊숙한 주머니 속에는 삼키는 순간 숨이 멎는 청산

가리가 숨겨져 있었습니다. 작전에 실패할 경우를 대비하기 위해서였지요.

"듣던 대로 끔찍한 요새군. 마치 중세 시대 성(城)처럼 거대해."

"서둘러야 합니다. 작전 시작!"

"모두 조심하시오!"

노르웨이 군인들은 소곤거리며 이야기를 나눈 뒤 공장으로 들어가는 출입문을 찾기 시작했습니다.

가파른 화강암 절벽 사이로 바람이 매섭게 불었습니다. 곳곳에는 총을 멘 독일 군인들도 많았지요. 게다가 등에 이고 있는 폭탄의 무게로 어깨가 저려왔습니다. 그러나 수많은 지뢰와 독일 군인을 무사히 피해 이곳 출입문까지 도착한 일은 기적이었습니다.

"폭탄 설치 시작!"

중수 저장통 아래 폭발물을 설치하는 데 걸리는 시간은 10분이었습니다.

그들의 얼굴과 목은 순식간에 땀범벅이 되었습니다.

"폭탄 설치 완료!"

짧은 외침과 함께 노르웨이 군인들은 황급히 공장 밖으로 빠져나왔습니다.

순간이었습니다.

- 꽈 - 아 - 앙

공장 창문으로 찬란한 불빛이 번쩍하더니 무서운 폭발음이 공장 전체를 울렸습니다.

"성공이야, 우리가 성공했어!"

중수 저장통이 터지자 커다란 구멍에서 중수 500리터가 밖으로 쏟아져 나왔습니다. 특공대원들은 중수 저장통이 터진 걸 확인한 뒤, 재빨리 베모르크 공장을 빠져나왔습니다. 독일은 범인을 잡기 위해 수천 명의 군인을 보냈지만 특공대는 이미 탈출한 뒤였지요.

특공대의 작전 성공으로 미국과 영국은 당분간 마음을 놓을 수 있었습니다. 물론 여기에는 맨해튼 프로젝트 연구소장인 오펜하이머도 포함되었습니다.

"오, 얼마나 걱정했는지 모릅니다. 그러나 특공대 모두가 목숨을 걸고 작전을 수행했기에 좋은 결과를 얻을 수 있었습니다!"

작전 성공 소식을 들은 그로브스가 크게 손뼉을 치며 오펜하이머를 바라보았습니다.

"저 역시 기쁩니다. 그러나 독일군은 잠도 자지 않고 중수 공장 보수에 나설 것이 분명합니다."

오펜하이머의 얼굴은 심각했습니다.

"물론 그렇겠지요. 하지만 맨해튼 프로젝트는 시간을 벌지 않았습니까!"

다시 그로브스가 환한 얼굴로 말했습니다.

중수 공장 폭격으로 한동안 독일은 혼란에 빠졌습니다. 하지만 독일은 다시 일사분란하게 움직이기 시작했습니다. 그리고 다시 중수통을 고쳐 중수를 생산하게 되었습니다. 오펜하이머의 불안과 걱정은 곧 현실이 되었지요.

"이렇게나 빨리 중수통을 고칠 줄은 몰랐습니다."

"다시 방법을 생각해야 합니다. 이제 독일은 중수를 지키기 위해 수단과 방법을 가리지 않을 것이 분명합니다."

그 후 영국과 미국은 독일의 중수 공장 상황을 빈틈없이 살폈지만 좋은 방법이 생각나지 않았습니다. 폭격을 당한 독일은 더욱 삼엄하게 공장을 지켰지요.

영국은 미국에 요청했습니다. 다름 아닌 지상에서 폭탄을 떨어뜨려 달라는 작전이었습니다.

"현재 상황이 그렇게 안 좋다면…… 방법이 없군요. 네, 알겠습니다!"

미국 육군 참모총장은 영국의 요청을 받아들였습니다. 대신 민간인들의 피해를 줄이기 위해 사람들이 그나마 적은 점심식사 때를 선택했습니다.

140여 대의 폭격기가 무서운 속도로 베모르크 상공을 날았습니다. 공장에 있던 사람들은 놀라 밖으로 뛰어나왔지요. 곧이어 250킬로그램이 되는 폭탄 700여 개가 하늘을 순식간에 덮는가 싶더니 곧장 공장 아래로 쏟아졌습니다.

- 꽈쾅 - 쾅!

커다란 굉음과 함께 사람들의 비명이 공장 전체를 울렸습니다.

"어서 피해!"

"살- 려- 줘요!"

공장과 그 주변은 아수라장이 되었습니다. 새롭게 고친 중수통도 박살이 나며 다시 못쓰게 되었지요.

그러나 독일은 포기하지 않았습니다. 중수공장은 사라졌지만 원자 폭탄을 만들겠다는 계획은 변함없었지요.

"그게 사실이오? 독일이 베모르크 공장 설비와 중수를 5일 안에 배로 실어 나른다는 말이?"

영국은 새로운 소식을 듣고 깜짝 놀랐습니다.

"네, 그렇습니다. 이제는 베모르크 공장에서 중수를 얻을 수 없으니 독일 본토에 공장을 세우려는 계획이지요."

다시 영국과 미국은 바빠졌습니다. 독일 본토에 만약 중수를 생산할 수 있는 공장이 세워진다면 이제는 그 어떤 작전도 할 수 없었습니다.

"그렇다면 이번에는 배를 폭파시켜야겠군요."

"네, 무슨 일이 있어도 독일이 먼저 원자 폭탄을 만들어서는 안 되니까요."

"특공대 계획은요?"

"네, 배 밑바닥에 폭탄을 설치할 계획입니다. 배는 아침 10시에 출발할 예정입니다."

"그리고…… 민간인의 피해는 최대한 피해야 합니다."

"네, 명심하겠습니다!"

1944년 2월, 몹시 추운 날이었습니다. 승객 53명을 태운 배

는 독일의 중수 공장 설립을 위한 공장 설비도 함께 싣고 있었습니다. 특공대는 독일군의 눈을 피해 재빨리 배 밑바닥에 폭탄을 설치한 뒤 정확한 시간에 폭탄을 터뜨렸습니다. 중수를 담은 중수통은 수심 400미터 호수 아래로 빠르게 사라졌습니다. 물론 배에 타고 있던 26명의 선원과 노르웨이 승객들도 함께 죽었지요. 그리고 독일은 다시 원자 폭탄을 만들 방법을 찾아야 했습니다.

지식 한 걸음

전쟁

'전쟁은 무엇일까요?' 란 물음은 많은 사람들의 공통된 궁금증이었습니다. 200년 전에 살았던 클라우제비츠라는 사람은 그의 책 '전쟁론'에서 전쟁이란 '다른 수단을 쓰는 정치'라고 말했습니다. 그러니까 전쟁이란 대화나 협상이 없는 오직 힘으로만 몰아붙여서 원하는 정치를 하는 방법이란 뜻이지요.

제1차 세계 대전이 끝난 뒤 많은 나라는 경제적으로 어려움을 겪고 있었습니다. 결국은 독일·이탈리아·일본이 힘을 합쳐 제2차 세계 대전을 일으켰습니다. 국민들의 어려운 경제 상황을 끔찍한 전쟁으로 해결하려 했지요. 제2차 세계 대전은 전쟁 중 가장 피해가 큰 전쟁이었습니다.

그렇다면 사람들은 왜 전쟁을 할까요? 많은 철학자와 역사학

전쟁으로 굶주린 독일인이 쓰레기장에서 음식을 찾고 있어요.

자들은 전쟁이 일어나는 이유를 알기 위해 오랫동안 공부를 했습니다. 그리고 그들은 전쟁이 끊이지 않는 이유가 사람들의 욕심 때문이라고 말했습니다. 물론 모든 전쟁이 인간의 욕심 때문에 일어났다고는 할 수 없습니다. 전쟁이 일어나는 이유와 원인이 다양하기 때문이지요. 그래서 세계 각국의 대표들이 모여 '국제 연합(유엔)'을 만들었습니다. 목적은 전쟁이 없는 세계 평화와 인간의 존엄성을 지키기 위해서지요.

국제연합(유엔)

국제연합(유엔)의 기

원자 폭탄, 어느 도시에 던져야 하나?

 미국은 독일 방해 작전 후 원자 폭탄 만드는 일에 더욱 매달렸습니다. 그러던 중 뜻하지 않은 일이 생겼습니다. 1945년 4월 12일에 루스벨트 대통령이 뇌출혈로 인해 죽음을 맞이했습니다.
 루스벨트 대통령의 갑작스런 죽음에 미국 정부는 당황했습니다. 맨해튼 프로젝트 연구소장 오펜하이머도 마찬가지였지요. 미국은 새로운 대통령을 뽑아야 했습니다. 전쟁 상황이었기에 더욱 서둘렀지요. 그래서 루스벨트 대통령 당시 부통령을 하고 있던 트루먼 부통령이 그 뒤를 이어 33대 미국 대통령이 되었습니다.

"각하, 중요한 사안을 보고 드리려 합니다. 현재 맨해튼 프로젝트는 세상에서 가장 파괴력이 센 원자 폭탄을 만들고 있습니다."

루스벨트 대통령과 가깝게 지냈던 지미 번스의 이야기를 들은 트루먼 대통령은 깜짝 놀랐습니다.

"무슨 소립니까? 세상에서 가장 센 원자 폭탄이요?"

"그렇습니다. 현재 미국은 강력한 비밀 무기를 만들고 있습니다. 그리고 이 원자 폭탄은 도시 하나를 날려버릴 수 있을 만큼의 파괴력을 가지고 있습니다."

"사실입니까? 원자 폭탄이 도시 하나를 없앨 수 있다는 말이?"

"그렇습니다. 그 어떤 나라라도 무릎 꿇게 만들 수 있는 폭탄입니다. 각하, 지금 한시가 급합니다. 만약 독일이 먼저 원자 폭탄을 만든다면 유럽과 미국의 미래는 어둡습니다. 여기 아인슈타인이 쓴 편지를 보시면 잘 알 수 있습니다."

트루먼 대통령은 아인슈타인이 쓴 편지를 심각한 얼굴로 읽기 시작했습니다.

"그렇다면 원자 폭탄은 언제쯤 완성될 수 있소?"

"앞으로 4개월 뒤면 완성 가능합니다, 각하!"

트루먼 대통령은 처음부터 끝까지 믿기 힘든 이야기에 어리둥절한 표정을 지었습니다. 그럴 수밖에요! 도시 하나를 일순간에 날려버린다는 말을 누가 믿을 수 있을까요. 게다가 워낙 중요한 비밀 프로젝트여서 부통령 당시에는 알지 못했지요.

"지미, 궁금합니다. 나머지 이야기도 들려주세요."

"네, 각하! 현재 원자 폭탄을 만드는 방법은 두 가지로 설명드릴 수 있습니다. 첫째는 우라늄 235를 이용하는 방법이 있습니다. 그리고 두 번째는 플루토늄을 사용하는 방법이지요. 또 이 두 재료를 얻으려면 큰 공장과 원자로가 있어야 합니다."

"현재 진행은 잘 되어가고 있습니까?"

트루먼 대통령은 아인슈타인이 쓴 편지에서 눈을 떼며 물었습니다.

"네, 그로브스 장군이 미국 동부 테네시 주의 땅과 서부 워싱턴 주의 땅을 샀습니다. 그리고 저희는 그 땅에 현재 미국 안에 있는 자동차 공장을 합친 규모보다 큰 공장을 세웠습니다."

"앞으로 내가 도와줄 일은 없습니까?"

"현재 영국 정부가 도와주고는 있지만 대부분은 우리 미국 안에서 완성시킬 수 있습니다, 각하!"

"잘 들었습니다. 그리고 곧 결정을 내리도록 하겠습니다. 조금만 기다리고 계세요."

　트루먼 대통령은 얼마 뒤, 원자 폭탄 사용을 허락했습니다. 새로 부임한 대통령 역시 원자 폭탄이 절실하다고 생각했지요.
　이제 맨해튼 프로젝트는 더욱 큰 책임감을 가지고 연구에 매달렸습니다. 하루 24시간이 모자랄 지경이었지요. 물론 맨해튼 프로젝트 안에서 연구소장직을 맡고 있는 오펜하이머의 어깨도 무거웠습니다. 미국 전역에서 모여든 물리학자들과 함께 더할 수 없이 큰 자금을 지원 받았지만 원자 폭탄을 만드는 일은 결코 쉽지 않았지요. 하지만 맨해튼 프로젝트는 원자 폭탄을 만들고야 말았습니다.
　1945년 4월 28일에 이탈리아의 파시스트 지도자 무솔리니가 죽었습니다. 화가 난 사람들은 총살을 당해 죽은 무솔리니를 거리로 끌고 나왔습니다. 독재자의 죽음을 세상에 널리 알리고 싶었지요.

"무솔리니가 – 죽었다!"

여기저기서 성난 사람들의 목소리가 울려 퍼졌습니다.

뿐만이 아니었습니다. 이틀 뒤에는 히틀러가 자신의 지하 벙커에서 스스로 목숨을 끊었습니다.

"들었어? 무솔리니도 히틀러도 죽었대?"

"그래, 무서운 독재자 둘이 죽었으니 전쟁도 곧 끝나겠지……."

"모르는 소리! 아직 일본이 남았잖아. 일본은 지금 남녀노소 할 것 없이 모든 국민이 똘똘 뭉쳐 무기를 만들고 있대."

사람들은 두 독재자의 사망 소식을 듣고 기뻐했습니다. 그러나 일본의 끈질긴 저항에는 혀를 내두르며 걱정했습니다. 일본을 에워싼 군국주의가 이처럼 무서울 줄 그 누구도 몰랐지요. 그나마 다행스러운 일은 끝내 독일이 원자 폭탄을 만들지 못했

89

다는 사실이었습니다.

　미국 정부는 많은 고민 끝에 일본에 원자 폭탄을 투하하기로 결정했습니다. 그러나 어느 도시에 원자 폭탄을 던질지는 결정하지 못했습니다.

　1945년 5월 10일. 로스앨러모스.

　시간이 날 때마다 맨해튼 프로젝트 안에 있는 사람들은 회의를 했습니다.

　"우리는 일본 폭격 장소로 요코하마, 오사카, 나고야, 후쿠오카, 히로시마가 포함된 여러 도시를 선정하였습니다. 물론 이곳 장소는 폭탄의 위력을 정확하게 측정하기 위한 장소여야 합니다. 두 번째는 군사 시설과 군수물자가 모인 곳이어야 합니다."

　"제 생각도 그렇습니다. 원자 폭탄이 가진 폭발력을 최대한 보여줄 수 있는 도시여야 합니다. 그래야 일본이 항복을 할 것입니다."

　"그렇다면 교토는 어떻습니까? 원자 폭탄을 투하하면 폭발 효과를 최대한 살릴 수 있는 지역입니다."

　"반대하오! 교토는 과거 일본의 수도였소. 또 많은 문화재와

유적지가 있소. 전쟁을 끝내는 것도 중요하지만…… 한 나라의 문화 중심지를 파괴하는 일은 옳지 않다고 생각합니다."

"그렇다면 어느 지역이 좋을까요?"

"우선은 민간인이 적은 도시를 선택해야 합니다."

"그리고…… 방사능이 인체에 어떤 영향을 끼치는지도 알고 있어야 합니다. 원자 폭탄이 폭발되는 즉시 반경 1킬로미터 이내에 있는 생명체는 모두 사망한다고 생각하셔야 합니다."

"그렇군요. 그리고 많은 분들이 알고 계시겠지만 일본은 지금 전 국민이 전쟁을 하고 있습니다. 폐허가 된 학교 혹은 집에서도 국민 대부분이 폭탄을 만들고 있습니다. 실제로 히로시마에서는 사원에 있는 종까지 가져와 무기로 만들었습니다."

모두가 심각한 얼굴로 서로를 바라보았습니다.

"일본인들은 구운 메뚜기 몇 마리와 쌀죽 한 그릇만을 먹으며 일하고 있습니다. 천황을 위해서라면 그들은 어떤 일이라도 할 것입니다."

실제로 일본은 가미카제라는 특공대를 만들었습니다. 이 특공대는 전투기에 폭탄을 싣고 적군의 전함에 돌진하였습니다. 그들에게는 전쟁 승리가 우선이었지 개인의 목숨 따위는 소중하지 않았지요.

가만히 이야기를 듣고 있던 오펜하이머가 입을 열었습니다.

"지금 우리가 만든 원자 폭탄의 파괴력은 그야말로 상상을 초월합니다. 폭탄을 투하할 경우 솟아오르게 될 불덩어리 높이는 약 5킬로미터로 예상됩니다. 희생자는 1만 명이 넘을 수도 있습니다."

이번에는 그로브스의 상관이 말했습니다.

"그렇기 때문에 우리는 원자 폭탄을 사용해서 전쟁을 빨리 끝내야 합니다. 그런데 걱정하고 있는 문제가 있습니다. 문제는…… 미국이 원자 폭탄을 일본에 던지고 난 후, 각국이 보일 반응과 평가입니다. 어쩌면 히틀러가 저지른 만행보다 더 잔혹한 일을 했다고 평가할 수 있습니다."

여기저기서 사람들의 걱정스러운 한숨과 함께 고개를 끄덕이는 모습이 보였습니다.

미국은 많은 고민 끝에 전쟁을 끝낼 수 있는 방법은 원자 폭탄 밖에 없다고 생각했습니다. 하지만 원자 폭탄의 무서운 파괴력을 알고 있기에 자신들의 결정을 다시 한 번 고민할 수밖에 없었지요.

　더 이상 시간을 끌 수 없었던 미국은 결정을 내렸습니다. 일본에 원자 폭탄을 떨어뜨리기로요. 원자 폭탄에 이름도 붙였습니다. '리틀 보이(Little boy, 작은 소년)'와 '팻 맨(Fat man, 뚱뚱보)'이라는 이름을요.

　미국은 원자 폭탄 두 개를 투하하기 전, 일본인들이 거주하는 도시 67개를 공격했습니다. 일본의 많은 도시는 매일 불바다가 되어 사라져갔습니다. 살려달라는 사람들의 끔찍한 비명도 그치지 않았지요.

　"당신들은 이 전쟁에서 질 것이 분명하오. 그러니 죄 없이 죽어가는 국민을 위해 무조건 항복하시오!"

　미국은 1945년 7월 26일에 열린 포츠담 선언에서 일본에게 무조건 항복을 강요했습니다. 그러나 일본은 항복하지 않았습

니다. 독일, 이탈리아 모두 백기를 들었지만 일본은 자국의 힘을 믿고 있었습니다. 목숨을 잃을지언정 끝까지 싸우겠다는 무모한 의지를 불태웠지요.

"이제 원자 폭탄을 투하할 때가 왔군!"

그로브스 장군이 무겁게 입을 열며 공군 사령관에게 받은 명령문을 다시 훑어보았습니다.

명령문은 간결했습니다.

1. 1945년 8월 3일 이후, 폭격 가능한 날을 골라 원자 폭탄 투하하기 바람

   〈투하 장소: 히로시마, 고쿠라, 나가사키 중 한 곳을 골라 투하하기 바람〉

2. 두 번째 투하 장소는 위 세 지역 가운데 선택하기 바람

"끝까지 저항하고 있는 일본을 막을 방법이 원자 폭탄 밖에 없다는 사실이 안타깝습니다."

오펜하이머가 씁쓸한 얼굴로 대답했습니다.

"우리가 원자 폭탄을 투하하는 이유는…… 로버트 당신도 알다시피 이 고통스러운 전쟁을 막기 위해서요. 그리고 일본에 먼저 경고는 하지 않겠소. 대신 민간인이 없는 곳에 폭탄을 던질 예정이오."

미국은 1945년 7월 16일에 세계 최초로 원자 폭탄 실험에 성공했습니다. 그리고 원자 폭탄만이 세계 평화를 가져올 것이라 생각했습니다.

그런데 얼마 뒤, 인디애나폴리스 호가 일본군에 의해 바다에 가라앉는 일이 생겼습니다. 일본 잠수함이 몰래 인디애나폴리스 호를 뒤따라가다가 어뢰 여섯 발을 쏜 사건이었습니다. 이 사건으로 수많은 군인들이 물에 빠져 죽거나 상어 밥이 되었습니다. 미국은 더 이상 미룰 수가 없었습니다.

제2차 세계 대전

　제2차 세계 대전은 1939년에 나치 독일이 폴란드를 침공하면서 시작되었습니다. 이것을 원인으로 하여 독일, 이탈리아, 일본은 힘을 합친 뒤 연합군(미국, 영국, 소련, 중국, 프랑스)과 총 6년 동안 전쟁을 하게 되었습니다. 이 전쟁은 1945년 일본이 항복할 때까지 계속되었지요.

　제2차 세계 대전은 제1차 세계 대전 이후 21년 만에 일어난 두 번째 세계 대전입니다. 지금까지 일어난 전쟁 중 최대 규모이자 최악의 전쟁으로 평가받고 있지요. 이유는 막대한 재산 피해와 함께 무려 7,300만 명의 사람들이 죽었기에 그렇게 평가되었지요.

　또한 군사력과 경제력으로 다른 나라와 민족을 정복하러 한 나라들과 유럽의 식민제국들은 완전히 멸망했습니다. 대신 그 자리에 미국과 소련이라는 힘이 센 강국들이 등장했는데요. 미국은 역사상 최초로 원자 폭탄을 만들어 일본 히로시마와 나가사키에 투하하면서 원자 폭탄의 무서운 파괴력을 온 세계에 보여주었습니다.

제2차 세계 대전 당시 독일군이 폴란드인을 핍박했던 장면을 재건한 사진이에요.

비행선을 이용해 공격을 했어요.

1945년 8월 9일 일본 나가사키에서 원자 폭탄이 폭발했어요.

원자 폭탄,
드디어 투하하다

1945년 8월 5일.

B-29를 탄 공군들은 불안감과 초조함에 눈을 더 크게 치켜떴습니다. B-29에 탄 공군들은 보통 군인들이 아니었습니다. 공군들 중에서도 용맹스럽고 날쌘 공군만 모아 만든 중요한 군인들이었지요.

얼마 전 대통령 트루먼은 이들 공군들에게 원자 폭탄을 일본에 투하해도 좋다는 허가를 내렸습니다.

"제군들, 어제 잠은 잘 잤나?"

총지휘관이 공군들을 향해 물었습니다.

"수면제를 두 알 삼켰지만 도저히 잠을 잘 수 없었습니다. 하지만 오늘 임무는 실수 없이 할 수 있습니다!"

한 군인이 씩씩한 목소리로 대답했습니다.

"제군들, 모두 잘 듣길 바란다! 우리가 이번 작전을 성공한다면 전쟁을 6개월 일찍 끝낼 수 있다. 집으로 빨리 돌아갈 수 있단 말이다. 그리고 여기 모인 우리들은 미 공군에서 가장 명예로운 군인이 될 것이다!"

지난 6월 10일, B-29는 원자 폭탄을 투하할 군인들을 싣고 티니안에 도착했습니다. 그리고 오늘은 64킬로그램의 농축 우라늄이 담긴 반지름 38센티미터, 길이 3.2미터, 무게 4,400여 킬로그램인 원자 폭탄을 실었습니다. 최초의 원자 폭탄을 실은 B-29의 이름은 '에놀라 게이'로 정해졌습니다.

밤 12시, 자정이 되었습니다.

"에놀라 게이는 곧 티니안을 떠나 일본 영공으로 향할 것이다. 모두 한 시도 긴장을 늦춰서는 안 된다!"

"네!"

군인들의 짧고 간결한 대답이 비행장 안을 울렸습니다.

모두가 한껏 긴장한 얼굴이었지만 아무도 내색하지 않았습니다. 탑승하기 전 군인들은 에놀라 게이 앞에서 단체 사진을 찍었습니다. 일어나는 모든 일들을 기록으로 남기기 위해서였습니다. 그리고는 모두가 간절한 마음으로 기도를 드렸습니다.
"이제 출발한다! 모두 잊지 말고 보안경 쓰도록!"

1945년 8월 6일 새벽 2시 27분.

드디어 에놀라 게이가 완성된 원자 폭탄을 싣고 하늘에 올랐습니다. 출발 후 7시경에 군인들은 원자 폭탄의 안전장치를 해제했습니다. 실수 없이 투하지역에 원자 폭탄을 던지기만 하면 세계 최초로 원자 폭탄이 터지는 순간이 다가온 것입니다.

"안전장치 해제 완료!"

다시 짧고 간결한 음성이 에놀라 게이 안을 울렸습니다.

"현재 세 도시 날씨는 어떤가?"

에놀라 게이를 조종하는 공군이 물었습니다.

"현재 히로시마 흐림!"

"현재 고쿠라 흐림!"

"현재 나가사키 흐림!"

세 도시의 날씨를 관측하고 있는 기상 관측 항공기 속에서 긴장한 목소리가 답을 했습니다.

원자 폭탄을 실은 에놀라 게이는 기다렸습니다. 잠시 후면 도시 하나를 통째로 날려버릴 수 있는 순간이었습니다.

"보고합니다! 세 곳 중, 히로시마 날씨가 그나마 괜찮습니다!"

"알겠다, 그럼 투하 지역은 히로시마로 정한다!"

히로시마, 고쿠라, 나가사키 중 히로시마가 첫 번째 원자 폭탄 투하 지역으로 결정된 순간이었습니다.

히로시마 상공 9,500미터 위를 에놀라 게이가 비행하고 있었습니다. 군인들 모두가 마른 침을 삼켰습니다.

"히로시마 동쪽 시코쿠 상공 진입 완료! 방탄복을 착용하라!"

에놀라 게이는 빠른 속도로 히로시마 하늘 위를 날았습니다. 그런데 어쩐 일인지 일본 전투기가 보이지 않았습니다. 계획대로라면 일본 전투기가 나타나 에놀라 게이를 공격하는 것이 순서였지요.

그런데 일본은 대항하지 않았습니다. 원자 폭탄을 싣고 있다는 사실도 몰랐거니와 미국에 맞서 저항할 무기나 인력이 턱없이 부족했습니다. 대부분의 병참 기지도 파괴된 상태였지요. 그런데도 일본은 전쟁에서 승리하리라는 부도한 희망을 품고 있었습니다. 그야말로 일본은 패배란 것을 생각지 않았습니다.

에놀라 게이는 계획대로 히로시마 항구를 빠르게 지나친 뒤 인구 35만 명이 살고 있는 히로시마의 중심부인 아이오이 다리를 향해 날았습니다.

"모두 보안경을 착용하라!"

"앞으로 – 2분 뒤 – 원자 폭탄 투하 예정!"

에놀라 게이를 뒤에서 호위하고 있던 항공기가 뒤로 빠졌습니다. 폭탄 투하 후, 에놀라 게이 역시 히로시마 상공을 가능한 빨리 빠져나가기 위해서였습니다.

"현재 시간 오전 8시 15분! '리틀 보이' 투하!"

그 즉시 폭탄을 실은 문이 활짝 열리며 인류 최초의 원자 폭탄 '리틀 보이'가 히로시마 상공에서 밑으로 떨어졌습니다.

'리틀 보이'는 정확히 시마 병원 상공 580미터에서 폭발하였습니다. 구름이 18킬로미터 상공까지 치솟았습니다. 그러고는 곧바로 연속 폭발로 이어졌습니다. 8시 14분까지는 화창했던 하늘이 순식간에 지옥으로 변했습니다. 폭탄이 떨어진 반경 1.6킬로미터 이내에 있던 모든 건물과 시설물이 남김없이 파괴되었습니다. 사람들과 살아있는 생명체들이 불타고 증발해버렸습니다.

1945년 8월 6일 히로시마는 그 어떤 인간도 보지 못한 지옥이었습니다. '리틀 보이'는 떨어진 지 43초 만에 커다란 섬광을 내며 히로시마 중심부를 강타했습니다. 사람들의 끔찍한 비명

과 함께 나무와 건물이 순식간에 거대한 불기둥 속으로 사라졌습니다. 믿을 수 없을 만큼 큰 버섯 모양의 시뻘건 불기둥은 히로시마 도시 전체를 삼켜버렸습니다.
"오, 세상에, 신이시여!"
원자 폭탄을 던진 미군들은 눈 앞에 벌어진 광경을 보고 큰 충격에 빠졌습니다. 예상은 하고 있었지만 이렇게도 큰 위력일 줄은 상상하지 못했지요. 그리고 그들 모두는 히로시마가 눈 앞에서 통째로 사라지는 것을 목격하였습니다.

8월 6일 월요일 정오였습니다. 오펜하이머는 로스앨러모스에서 그로브스 장군의 전화를 받았습니다.

"여보세요?"

"로버트! 소식 들었나? 우리가 만든 원자 폭탄이 히로시마에서 차질 없이 폭파됐다는 소식이네!"

그로브스 장군의 목소리는 들떠 있었습니다.

"다른 문제는 없었나요?"

"문제라니! 우리 꼬맹이 리틀 보이가 그야말로 엄청난 소리를 내며 터졌다네! 도시 전체를 사라지게 만들었어!"

"장군님, 축하드립니다. 이곳 로스앨러모스에 있는 박사들도 모두 기뻐하고 있습니다."

"나 혼자 이룩한 일이 아니지 않은가? 로버트 자네도 힘들었지. 아니야, 무려 12만 5,000명의 연구원이 모여 3개의 비밀 도시에서 만든 원자 폭탄이지! 우리가 만든 원자 폭탄은 우연에 의해 만들어진 것이 아니란 말이지, 하하! 그야말로 세상에서 가장 비싼 무기였어!"

오펜하이머는 전화기를 내려놓은 후 멍하니 생각에 빠졌습니다. 처음 그로브스 장군을 만난 일부터 시작해서 원자 폭탄이 터진 현재까지 일들 모두를요.

　오펜하이머도 처음에는 히로시마 소식을 듣고 기뻐했습니다. 그런데 점차 시간이 흐르자 그로브스 장군처럼 웃으며 기뻐할 마음이 나지 않았습니다.

　'그래, 잘된 일이야. 하루라도 빨리 전쟁이 끝나면 좋은 일이지. 하지만…… 너무도 많은 사람들이 죽었어.'

　처음에는 독일이 먼저 원자 폭탄을 만들까 걱정하며 밤을 샜습니다. 그래야만 미국이 먼저 원자 폭탄을 만들 것이라 생각했지요. 또한 가족과 떨어져 지내는 외로운 시간도 다른 박사들과 의지하며 견뎌냈습니다.

　"모두 기뻐하며 눈물을 흘리는데…… 나는 기쁨의 눈물이 나질 않는군."

　오펜하이머가 혼잣말을 하며 굳게 닫혀 있던 창문을 열었습니다.

　미국과 유럽에는 그로브스 장군처럼 원자 폭탄의 성공적인 폭발을 기뻐하는 사람들로 넘쳐났습니다. 더불어 조금만 더 기다리면 전쟁이 끝날 수도 있겠다는 기대를 가슴에 품었지요.

　그러나 원자 폭탄의 무서운 파괴력을 본 사람들은 진저리를

치며 원자 폭탄을 비난했습니다. 전쟁을 빨리 끝내기 위해 만들었다고는 했지만 결국은 자국의 이익을 위해 만든 무서운 무기였습니다.

히로시마에 터진 원자 폭탄으로 인해 7만 명이 죽었습니다. 비극은 여기서 끝나지 않았습니다. 초기 폭발 때 원자 폭탄에서 나온 방사능으로 인해 희생자가 무려 20만 명으로 늘었습니다.

일본, 전쟁에서 지다

　원자 폭탄 공격을 받은 히로시마는 철저하게 파괴되었습니다. 원자 폭탄의 무서운 파괴력을 예상하고 있던 미국마저도 히로시마의 끔찍한 피해를 목격한 후 침묵하고 말았습니다. 차마 눈 뜨고는 볼 수 없을 만큼 참혹했지요.
　그런데도 일본은 패배를 인정하지 않았습니다. 전쟁을 통한 전체주의를 꿈꿨기에 쉽게 포기할 수 없었지요.
　대부분의 일본 사람들은 일본 정부에 달려가 사정했습니다.
　"보시오! 우리 국민은 이제 지쳤소! 이 끔찍한 전쟁으로 인해 군인뿐만이 아니라 힘없는 어린이와 노약자도 죽었단 말이오! 제발 이 전쟁을 끝내 주시오!"

하지만 일본 군부 지도자들은 사람들의 말을 듣고도 못 들은 척했습니다. 히로시마에 투하된 원자 폭탄의 피해를 봤음에도 불구하고요.

"히로시마에 던진 원자 폭탄 하나만으로는 일본을 항복시킬 수 없습니다."

"또 다른 방법은?"

"두 번째 원자 폭탄 투하입니다!"

미국은 두 번째 원자 폭탄을 투하하기로 결정했습니다. 두 번째 원자 폭탄인 '팻 맨'은 플루토늄을 사용해 만든 원자 폭탄이었습니다.

1945년 8월 8일 새벽 4시. 폭격기 B-29는 두 번째 원자 폭탄 '팻 맨'을 싣고 고쿠라와 나가사키를 향해 출발했습니다.

"고쿠라 상공, 현재 안개와 구름이 심합니다. 나아질 기미가 보이지 않습니다."

폭격기 B-29는 구름과 안개가 없는 장소를 찾기 위해 고쿠라 상공을 두 번이나 돌았습니다. 그러나 원자 폭탄을 투하할

적당한 장소는 찾기 어려웠습니다.

뿐만이 아니었습니다. 조금 있으려니 일본 전투기가 빠른 속도로 다가오고 있었습니다. 원자 폭탄을 싣고 있는 폭격기 B-29를 발견한 것이지요.

"일본 전투기 발견!"

"일본군이 대포와 총을 쏘고 있습니다!"

상황이 긴박해지고 있었습니다.

"장소를 바꿔라! 빨리 고쿠라 상공에서 빠져나와라!"

폭격기 B-29는 이제 나가사키를 향해 출발했습니다. 그런데 나가사키도 날씨가 좋지 않았습니다.

"나가사키 현재 날씨, 몹시 흐림!"

미국은 다시 어려운 결정을 내려야 했습니다. 원자 폭탄을 싣고 다시 미국으로 돌아가는 방법과 레이더를 이용해 원자 폭탄을 투하하는 방법이었습니다.

1초가 마치 1년처럼 흘렀습니다. 모두가 결정을 내리지 못해 고민하고 있는 사이, 조종사의 긴박한 목소리가 들려왔습니다.

"현재 투하 가능! 구름이 뚫린 틈을 발견했다!"

폭격기 B-29는 망설이지 않았습니다. 그 즉시 '팻 맨'이 실린 폭탄 문을 열었습니다.

순식간이었습니다. 1945년 8월 9일, 오전 11시 1분. 길이 3.25미터, 무게 4.5톤, 위력 22킬로톤인 '팻 맨'이 지상 502미터에서 투하되었습니다. 어마어마하게 강한 불길과 돌풍이 순식간에 건물과 사람들을 에워쌌습니다. 히로시마 폭격과 마찬가지로 거대한 버섯구름이 피어올랐습니다. 도시는 온통 불바다였습니다. 사람들은 불길 속에서 죽거나 죽어갔습니다.

일본 천황은 이제 가만있을 수 없었습니다. 히로시마 폭격으로 20만 명이 죽은 것도 모자라 나가사키에서는 14만 명의 사람들이 죽었습니다. 천황은 스위스를 통해 미국에 항복하겠다고 밝혔습니다. 그러나 일본 군부는 자신들의 뜻을 굽히지 않았습니다. 많은 국민이 죽더라도 끝까지 미국과 싸우겠다는 의지를 불태웠지요.

"안됩니다. 일본은 미국과 싸워 이길 수 없습니다. 항복해야 합니다!"

"지금 멈추지 않으면 미국은 세 번째 원자 폭탄을 던질 것이 분명합니다!"

여기저기서 패전을 인정하라는 일본 사람들의 두려운 목소리가 터져 나왔습니다.

결국 천황은 자신이 직접 쓴 편지를 들고 국민 앞에 나왔습니다. 더는 일본 국민들을 죽음으로 내몰 수 없었지요.

나는 알고 있습니다. 우리 일본 국민이 전쟁에서 이기기 위해 많은 노력을 했다는 사실을요. 하지만 전쟁은 우리 생각보다 힘들었습니다. 너무도 많은 사람들이 죽고 다쳤습니다.

또한 적군이 만들어낸 원자 폭탄을 이길 방법이 없다는 사실을 알았습니다. 다시 또 죄 없는 국민들을 죽일 수 없습니다. 그래서 이 자리에서 밝히기로 결심했습니다. 전쟁에서 졌다는 사실을 인정하기로요.

나의 힘든 결정은 모두가 후세까지 이어질 우리 국민들을 위한 결정입니다. 우리는 이제 평화를 위해 걸어가겠습니다.

1945년 8월 15일 정오, 천황 히로히토의 목소리가 라디오를 통해 흘러나왔습니다. 천황은 떨리는 목소리로 일본의 패

망을 인정했습니다. 일본 사람들 모두가 살아있는 신으로만 믿고 있었던 천황의 목소리를 처음 듣게 되었지요. 사람들은 놀라서 그저 멍하니 서로를 바라보았습니다. 그리고 나중에는 안도감을 느꼈습니다.

"아, 드디어 전쟁이 끝났단 말인가!"

"아버지, 우리는 살았지만 형과 어머니는 죽었어요. 이 끔찍한 전쟁만 없었다면 우리 모두 행복하게 잘 살 수 있었을 텐데……."

일본 사람들은 전쟁이 끝났다는 소식에 기뻐하면서도 한편으로는 전쟁에 졌다는 사실에 슬퍼했습니다.

반면 앞서서 전쟁을 일으켰던 일본 우두머리 군인들은 끝까지 패망을 인정하지 않았습니다. 그리고 그들 모두 미국과 싸워 이길 수 없음을 알고 스스로 목숨을 끊었습니다. 전쟁으로 인해 비참하게 죽은 사람들은 생각지 않는 이기적인 죽음이었습니다.

원자 폭탄의 아버지, 오펜하이머

　나가사키에 원자 폭탄을 던진 후 6일이 지났습니다. 일본은 결국 1945년 8월 15일에 무조건 항복을 발표했습니다. 일본은 전쟁에서 지고 연합군이 승리하였지요. 이것으로 태평양 전쟁과 제2차 세계 대전이 끝났습니다. 사람들은 전쟁이 끝나자 모두 눈물을 흘리며 기뻐했습니다.
　전쟁은 사람들의 목숨과 함께 삶의 터전을 모조리 빼앗아 갔습니다. 하지만 다시 시작해야 했습니다. 전쟁의 폐허는 심각했지만 사람들은 다시 희망을 꿈꾸었지요.

전쟁을 통해 새롭게 알게 된 사실도 있었습니다. 바로 세상에서 가장 무서운 무기가 원자 폭탄이라는 사실을요. 두 개의 원자 폭탄 '리틀 보이'와 '팻 맨'으로 인해 세상은 뒤바뀌었습니다.

폭탄이 터졌을 당시 히로시마에서 희생된 사망자는 7만 명, 나가사키에서 희생된 사망자는 4만 명이었습니다. 하지만 여기서 끝난 것이 아니었습니다. 4개월 뒤, 히로시마에서 다시 14만 명이 죽었고 나가사키에서는 8만 명 이상이 목숨을 잃었습니다.

원자 폭탄이 터진 히로시마와 나가사키에서 기적적으로 살아남은 사람들이 있었습니다. 하지만 사람들은 이유를 알 수 없는 구토와 피를 흘리며 하나둘 죽어갔습니다.

전쟁이 끝난 뒤, 사람들은 자신이 살던 집으로 돌아갔습니다. 오펜하이머도 마찬가지였습니다.

오펜하이머는 가만히 자신의 두 손을 내려다보았습니다.

"이 손에 결국…… 피가 묻었구나."

너무도 잘 알고 있는 사실이었습니다. 오펜하이머는 사람들에게 전쟁이 끝나면 '자신의 손에 피가 묻어 있을 것'이라고 말했었습니다. 자신이 만든 원자 폭탄이 많은 사람들을 죽음으로 내몰 것이란 사실을 알고 있었지요.

첫 번째 원자 폭탄이 터진 후 그로브스 장군이 한 말이 생각났습니다.

"로버트, 원자 폭탄을 만든 당신과 당신을 도운 연구원 모두가 자랑스럽습니다! 우리는 해냈습니다!"

오펜하이머는 자신이 만든 원자 폭탄의 위력을 똑똑히 보았습니다. 원자 폭탄으로 인해 연합군은 승리했지만 그래서 일본은 전쟁에서 졌지만 너무도 많은 사람들이 죽었습니다. 그리고 현재까지도 그 고통은 계속해서 이어지고 있었습니다. 나라를 사랑하는 애국심에서 시작한 일이었지만 처참하게 죽어간 사람들을 생각하면 가슴이 아팠습니다.

"그래, 처음 우리는 과학의 발전을 이야기하며 원자 폭탄에 관심을 가졌었지. 하지만…… 나중에는 대량 살상 무기를 제작하고 말았지."

* * *

1945년 10월에 오펜하이머는 트루먼 대통령을 만났습니다. 오펜하이머는 원자 폭탄을 만들게 된 과정을 이야기하며 자신의 마음 속 이야기도 꺼냈지요. 그런데 뜻하지 않은 일이 생겼습니다. 1952년에 FBI의 우두머리 에드거 후버가 오펜하이머를 소련 간첩이라고 고발한 사건이었습니다.

"맙소사…… 내가 간첩이라고!"

오펜하이머는 어이가 없어 웃음만 나올 뿐이었습니다.

전쟁은 끝났지만 전 세계는 원자 폭탄의 파괴력에 경악했습니다. 미국과 냉전 관계에 있던 소련은 그 즉시 원자 폭탄 개발에 들어갔습니다. 그리고 1949년에 원자 폭탄 실험에 성공했습니다.

미국은 소련이 원자 폭탄 실험에 성공했다는 소리를 듣고 다시 분주해졌습니다. 소련에 대항하려면 원자 폭탄보다 강한 무기를 만들어야 했지요.

"수소 폭탄은 원자 폭탄의 1천 배를 뛰어넘는 파괴력을 갖고 있습니다. 소련의 위협으로부터 미국을 지키기 위해서는 수소 폭탄 개발이 시급합니다."

그러나 오펜하이머는 수소 폭탄 만드는 일에 적극적이지 않았습니다. 자신이 만든 원자 폭탄으로 인해 셀 수 없을 만큼의 사람들이 죽었기에 더욱 고민할 수밖에 없었습니다.

원자력에너지위원회 자문위원회 의장이었던 오펜하이머는 수소 폭탄 만드는 일을 최대한 미뤘습니다. 그러자 FBI의 우두머리 에드거 후버가 오펜하이머를 의심하기 시작했습니다.

"수상하군, 왜 자꾸 수소 폭탄 만드는 일을 미루고 있지? 아무래도 오펜하이머를 조사해봐야겠어."

1954년에 오펜하이머는 결국 안보청문회에서 심문을 받게 되었습니다. 오펜하이머는 억울했지만 어쩔 도리가 없었습니다. 실제로 많은 사람들은 그를 소련의 간첩이라고 믿고 있었지요.

이 사건은 오펜하이머에게 큰 충격을 주었습니다. 들끓는 애국심에서 원자 폭탄을 만들었지만 원자 폭탄은 너무도 많은 사람들을 죽였습니다. 나중에는 수소 폭탄 개발을 게을리 한다는 이유로 사람들은 그를 간첩이라 말하며 경멸했습니다.

오펜하이머는 마치 재판과도 같은 청문회를 마친 뒤 아일랜드로 떠났습니다. 자신을 의심하며 욕하는 사람들과 같이 생활할 수 없었지요.

오펜하이머는 전쟁의 참혹함이 생각날 때마다 혼자 중얼거렸습니다.

"내 손에 피가 묻어 있다."

그 후, 오펜하이머는 후두암에 걸려 1967년에 생을 마감하였습니다. '원자 폭탄의 아버지' 오펜하이머는 한 줌 재가 되어 카리브 해에 뿌려졌습니다.